Rudolf Steiner

Rudolf Steiner

シュタイナーの人生論

高橋 巖

春秋社

目次

シュタイナーの人生論

1　カタチとイノチ　3

カタチをイノチとして体験する／瞑想とイメージ／イノチが宿るカタチ／自分の中の両極のバランス／シュタイナーの決意

2　私の美学　31

『デミアン』と中野の音楽喫茶「クラシック」／守屋謙二先生と井筒俊彦先生／ミュンヘンへ／フーゼマン先生のもとで／ニーチェとシュタイナー／一瞬に賭ける思想／瞬間の美的体験

3　魂のさすらい　シュタイナーの人生論　68

「遙かな国、遠い昔」のなかで／さすらう読書／オ・ソンファ先生の導き／「さすら姫」との出会い／キム・ジハさんのこと／内面への旅、魂のさすらい

4　神秘学の現在　ミカエルの時代　100

思考とは何か／人類というからだの現在／エーテル的思考の意味／感覚で呼吸する／ミカエル文化と「心の旅がらす」／縁をつけるということ／融合の感覚

5　「自我」の探究　ミカエルの思想　134

言葉の問題／自我についてのイメージ／孤独の自我は愛を求める／ミカエルとは何か／アナキズムの精神とミカエルの思想／新しい感覚体験／私のキリスト理解

6　シュタイナーのアナキズム　168

アナキズムの縁／大杉栄、三つのキーワード／シュタイナーとの共通項／アナキズムとしての『社会問題の核心』／社会有機体の三分節化／社会意志とアソシエーション／魂がリードする時代に

7 —今を生きる人智学

シュタイナーの立ち位置／物質界と生命《エーテル》界の関わり［Ⅰ］エーテル衝動の七つの働き［Ⅱ］エーテル体を体験する／ミカエルの声を受け止めて／どんなモノにも霊的な働きがある　209

あとがき　236

シュタイナーの人生論

1 カタチとイノチ

貴重な年の暮れに来ていただいて、本当にありがとうございます。このテーマは私がいま一番大事にしているテーマですので、それがどういう意味で大事なテーマなのかということを、今日お話ししたいのです。

ここ十年ぐらい、シュタイナーの社会思想がずっと気になっていました。現在のお金万能の社会の中で、どういう理想をもった社会を皆でつくっていけるのか、と考えていたのですが、今日も新聞を読んでいたら、生活保護費が削減されると書いてあったので、すごくびっくりしました。街を歩いているといたるところにコンビニがあって、お店の前を通ると、美味しそうなものが見えたりします。そういう溢れている貴重な商品を、生活に困っている人たちが共有できないというのは信じられませんよね。

日本のような先進国で、世界中のお手本にならなければならない立場にある国が、まともに生活できない人の境遇をもっと悪くすることが、平気で新聞に報道されているのです。何かすごく残念のような悔しいような感じがあって、今日のイノチとカタチの問題が宙に浮くようでは、生活保護を受けている人たちに申し訳ない、と思いながら、少し混乱している状態でここに来ました。

カタチをイノチとして体験する

この「カタチとイノチ」――「イノチとカタチ」ではなく、わざわざ「カタチとイノチ」としたことにも、私なりに意味があるのです。今年の七月の末に、東京でたまたま「自然」についての講義シリーズが新宿の朝日カルチャーセンターであり、その最初の回に、自然についての考え方を話してくれと言われて、今年の前半はずっと自然の問題を考えていました。

私は大学に入った頃から、自然の問題がずっと気にかかっていました。私が学んでいた当時の慶應義塾大学の文学部は、カトリック系の教授が多かったのですが、あるとき神父さんを紹介するから会ってみないかと言われて、上智大学の教授にお目にかかったことがありました。ドゥモリン神父さんという、禅の研究をされていた方でしたが、その方から最後に、「あなたにとって何が一番大事ですか」と言われたので、とっさに「今、自然のことを一番大事に思っています」と言ったら、「それでは、ゲーテの勉強をされるといいですね」と仰ったのです。その後で、紹介して下さった近山金次先生というヨーロッパ中世の歴史を研究されている教授に、神父さんにお会いして話し合ったらゲーテの勉強をするように勧められた、と伝えたら、とっても驚かれて、「カトリックでは、ゲーテを読むように勧める人は、あまりいないんですけどねぇ」と言われて、びっくりしたことがありました。それで大学のときは一時期、ゲーテの美学（形態学）をテーマにして勉強していました。そのときの問題がずっとひっかかっていて、今日の話になるのです。

今日は、イノチがカタチになる、ということよりも、カタチをイノチとして体験することのほうを話したいので、「カタチとイノチ」にしました。一応基本的な勉強をしておきたいと思って、今日の司会の飯塚さんに、ランスロット・L・ホワイト（『形の冒険――生命の形態と意識の進化を探る』工作舎）とルパート・シェルドレイク（『生命のニューサイエンス――形態形成場と行動の進化』工作舎）の自然論を、普通の本屋では手に入らなかったので、取り寄せてもらって、その勉強をこの秋にしていましたけれども、全然なじめませんでした。ホワイトもシェルドレイクも、言っていることはすごく重要だと思いますし、今の唯物論的な自然科学を越えようとしているニューサイエンスの流れの中では最先端だということでしたが、どうもなじめないのです。

なぜ、なじめないかというと、カタチとは何かを論じるときに、今のところ現代の科学では、形態の本質について何も本質は分からない、という結論を出しているからです。その結論を出すまでにすごく難しい議論をしているのですけど。結論は、分からない、なのです。

カタチとは何か、が今の自然科学では分からない、と言ってくれること自体はすごく重要だと思うのですけど、よく読んでみると、要するにダーウィンの進化論と基本的に同じで、モノは進化していく、という立場なのですね。イノチも進化していく、イノチが進化するにつれてモノも進化していく。でも、何で進化できるのかというのは分からない、というのです。シェルドレイクの場合も、カタチにはさまざまな神秘があって、あるカタチができると、そのカタチのエネルギーが他のところにも乗りうつって、他でも同じイメージの力が体験できる、という観点は出てくるのですけど、なぜ形態が互いに共鳴し合うのか、その根拠は見えてこないので、読んでいて一番肝心なところが抜けていて、とてももどかしいのです。

シュタイナーの立場は、科学的にどれほど根拠があるのか以前に、まず今の問題を正面から取り上げます。シュタイナーは、天地創造のはじめに「宇宙叡智」「根源の叡智」の働きを見ています。ヨハネ福音書の「コトバ」です。おおもとに叡智の働きがあって、その叡智の働きの下で、コトバのイノチがカタチをとろうとします。だからどんなカタチの中にも、そのカタチをとろうとしたイノチが宿っている、という立場なのです。

これは自然科学では単なる仮説のひとつにすぎませんけれども、芸術を考えるときには当然の前提になる問題です。どんなカタチにもそのカタチの意味があって、そのカタチの意味に触れると、そのカタチを生み出した存在の「想い」「意志」にまでどうしても行かざるを得なくなります。どんなカタチにも、この世に具体的に現れようとする意志が働いています。それが分からなければ、そのカタチそのものが分からない。そういう立場は、美学に通じます。

なぜ初めにこんなお話をしたのかと言いますと、私たちはみんな二一世紀という同じ時代を共有しながら生きています。そういう者同士として、二一世紀に、特定の場所に一緒に生きているということには、何か特別な意味があるはずです。それなのに、その、今この世を生きているということの意味をはっきりさせないまま、私たちは毎日を過ごしています。そのことが、何というのでしょうか、あっていいのか。許されるのか。人生の基本が抜けたまま生きることにならないのか。世界史を振り返れば、何千年、あるいは何万年ものあいだ人類はこの世を生きてきたのに、未だになにか本質的なところをパスして生きている、すごくあいまいなままで社会生活を送っている。そのあたりの問題が気になって仕方がないのです。

ベーシックインカムを一緒に勉強しているのも、今この世に生きているということの絶対的な尊さのようなものを認めるかどうか、の問題だからです。この世で特定の仕事を見つけて特定の仕事をしていれば給料がもらえるけれども、仕事がなくて、あるいは仕事ができなくてこの世に生きている者はどんなぎりぎりの貧困生活をしていても仕方がない、といまだに思っていられるのか、それとも、今この時代を共有している人であれば、みんなかけがえのない仲間なのではないのか、という問題です。ベーシックインカムを考えるというのは、そういう問題だと思うのですけども。先程言ったホワイトやシェルドレイクの考え方は自然科学の最も先進的な立場ですが、その人たちの立場でも、今この世を生きている、生命を与えられてこの世を生きている存在の生きている根拠については、ただ分からないで済ましているのですね。

カタチとは何か、形態とは何かも、まだ今の学問のレヴェルでは解明されていない、という立場でいられるでしょうか。そうだとすれば当然、人間というカタチをとって今ここに生きている人間の存在の意味も、学問的・科学的には分からないで済ましていることになるわけです。今日はその辺の問題について、シュタイナーの思想はどうなのかということと、そのシュタイナーの思想にどれほどの意味と価値があるのか、ということをあれこれ考えてみたいのです。

瞑想とイメージ

もうひとつ大事な前提があります。その話をしてから本論に入りたいのですけど。もうひとつの前提とは、実はメディテーション、瞑想のことです。瞑想は、私たちがこの世に生きながらこの世に向き合うのでなくて、眠っているときと似ているような、いったん環境から切り離された状態になることです。しかし、眠っているときは夢を除けば無意識ですけれども、逆にまったく意識的に、環境から離れたところに立つのです。

物質世界のこの世に生きているだけで十分だという立場ならば、メディテーションは必要ありません。でもそれですと、私たちのイノチは肉体に依存することになり、寿命というものに従って、せいぜい百年前後のイノチが終わると、存在がゼロに戻る、ということになるのです。けれど、私たちがこの世で物質の世界とだけ結びついて生きているのではなく、何かそれとは全然別な世界とも結びついて生きている、という立場だと、メディテーションが問題になってきます。メディテーションの世界というのは、ですから、日常のわれわれの生活感覚、生活体験と、言ってみれば真逆の立場に一度自分を置いてみる、という在りようにも通じるのです。

シュタイナーはこんなことを言っています。いつも当然のように考えている概念、どんな概念でもいいのですけど、それを一つ取り出します。概念ですから、それを言葉にします。「喜び」でも「憧れ」でも「希望」でも、そういう概念の一つを取り出して、その概念を自分の中で生かすのです。例えば、「希望」という言葉を取り上げると、その希望という言葉が自分の中で生きるようにイメージするのです。普通の概念的な把握ですと、希望とは絶望の反対であって、未来に道が拓かれている状況についての言葉とか、いろいろ説明ができますけれども、そういう説明で納得するのではなくて、自分の中に希望という言葉をイノチのあるものにするのです。自分の中で希望という言葉が生き始めるにはどうイメージすればいいのか、です。希望という言葉に自分の意識を集中させると、自分の内面の空間が今より明るく感じられるとか、あるいは自分の未来に誘いかけのようなものを感じるとか、自分の過去から未来へ向けて生命のエネルギーが送られてくるとか、はっきりとはしませんけど、何らかの意味で、自分の中に希望という言葉が生き始めるようにするのです。

これは、シュタイナーの瞑想の第一段階です。第二段階は、その瞑想が自分の個人的な希望をイメージしているだけではなくて、他の人にも希望という概念が生きているはずだから、自分のそのイメージを――シュタイナーはそのイメージをイノチだと思っているようです――、希望という言葉に含まれているイノチのエネルギーを自分だけのものにしないで、他の人と共有しようとするのです。言ってみれば、自分の魂を他の人の魂とひとつに溶け合わせます。さらに、いろいろな人の思いを、自分の思いのように受け取るイメージを持つのです。この第二段階は、自分よりも他の人のほうが優れている、という実感にまで到ります。自分を高みにおくと他の人は低く見えますが、ここではその反対の体験をします。

シュタイナーの瞑想は、今のが準備段階で、ここからが本来の課題になるのですけども、矛盾したありえない状況を一つ選んで、その状況に意識を集中させるのです。ありえない、矛盾したイメージというのは、シュタイナーの例を挙げますと、「光の海」です。光の波立つイノチの海みたいな感じです。そうすると今度は、希望とは何かを説明するのと同じような意味では説明のしようがありませんので、心の中で納得できるイメージになりません。イメージできないイメージです。

例えば、光は水ではありませんから、光の海と言われても、イメージのしようがありません。イメージのしようのない、光と液体とをひとつにするような矛盾したイメージに意識を集中させると、自意識、自己意識が否定されるというか、自分の居場所が見いだせなくなって、自分を忘れて、ひたすら矛盾した、ありえないイマジネーションに集中することになります。シュタイナーの言葉を使えば、エーテル体を肉体から離して自由にするのです。自分のエーテル体が肉体としっかりくっついていた状況から、自分のエーテル体が肉体から離れて自由になる状況にするのです。ここまでの時間は五分から十分くらいのことで、日常の生活とは関係のない内的な作業です。そしてその後、心を空《くう》にしてひたすら待ちます。心を空にしてひたすら待つという状態、それはシュタイナーにとっては、帰依《きえ》の状態なのです。自分の内面に帰依するのです。

日常の中で、可能な限り非日常の意識を自分でつくって、それに集中して、最後はそれさえ消して空にして待つのです。大雑把な言い方ですけど、以上がシュタイナーのいうメディテーションです。例えば、『神秘学概論』の「薔薇十字の瞑想」も、今言いましたことを薔薇十字というイメージで説明しているので、はじめに前段階として、植物と人間とを対比させ、同化させています。そしてその後で、薔薇十字に集中するのです。薔薇十字のイメージはありえないイメージですが、だからこそ重要なのです。

　そしてその後、今度は帰依の状態、空の状態で待つのですね。何故冒頭にこういうお話をしたのかと言いますと、イノチがカタチをとるというときの状況は、まさに瞑想に通じるからです。イノチがこの世に姿を現したいと思ったときの、その思いがカタチになって現れてくるのです。まず初めに思いがあって、その思いがカタチになってこの世に現れてくるという創造の原理と瞑想の状況とは共通しています。ですから、イノチがカタチをとって現れてくるそのときのプロセスを、日常的な立場で考えないために、こんな話をさせていただいたのです。

　先程言いました、七月の末、自然について話したときは、能産的自然と所産的自然についても話してみたのですけど、この二つは汎神論の基本的な概念です。能産的の「能」は能動の能で、産み出す自然です。それに対して所産的の「所」は場所の所で、産み出された結果、という意味です。汎神論では、産み出す自然と産み出された自然、という分け方をするのですね。産み出す自然は、神様です。産み出された自然は、この世にカタチをもって現れているすべて、森羅万象です。

そういうことを取り上げて何を言いたかったのかというと、現代の私たちは所産的自然のくせに、能産的自然に成り上がっている、思い上がっている、ということを言いたかったのです。創られた自然のくせに、創り出す自然になったと思い込んでいる。でも、創り出す自然になるということは、神になるということですが、とうてい人間は神ほどの内面生活を営んではいません。そういう話をしたかったのです。

造物主と被造物という分け方をした場合、私たちは当然、被造物ですよね。肉体というカタチを与えられてこの世に生きているわけです。そのカタチは自分が創り出したものではなく、与えられたカタチです。人間という存在は人間が創り出したのではなく、創り出されたのです。その創り出された人間がいつのまにか創り出す人間だと思い込んでしまって、テクノロジーを開発し、あらゆる物質に手を加えて、ＡＩ（人工知能）にまできたわけです。

でも、ＡＩにはイノチがありません。典型的に人間の所産です。もしその行為を神の行為と思い違いしたら、とんでもないことになって、破滅するしかありませんよね。神に代わった人間に何ができるのかというと、原子力を開発して破壊兵器をあれこれ作り出して、結局自分自身もろとも地球と人類を滅亡させるところまでいくしかありません。それを、神業と言えるのか。自然との関係でそんなことを考えたのです。

イノチとカタチを考えるとき、イノチがどのようにしてカタチになるのか、というのは、実はシュタイナーの『神秘学概論』の中で徹底的に語ってくれています。今は詳しく取り上げないでおきますが、シュタイナーは、根源的な叡智がまず働いて、土星紀の熱を根源の物質として生じさせ、その熱が今度は太陽紀になると気体を生じさせ、月紀には液体を生じさせ、地球紀になってはじめて地水火風という四大元素を土台にして、その上に植物、動物、人間を進化させました。そのプロセスを詳しく書いているのが『神秘学概論』です。

イノチが宿るカタチ

そのようなイノチからカタチへのプロセスではなく、逆に、カタチからイノチへのプロセスをぜひ一緒に考えてみたいと思ったのです。私たちの場合には初めにカタチがあるのですね。固体、液体、気体、熱というカタチが与えられています。私たちは、その与えられたカタチの中に当然のように生まれてきて、当然のようにこの世を生きていますけど、そのときのカタチとの関わりについて考えたいのです。私自身もカタチです。カタチがないのは、神様だけです。神様と人間との違いはどこにあるのかというと、神様は取り巻いてくれているのですね。私たちは、取り巻かれて生きています。人間がどれくらい取り巻かれて生きているかというのは、例えば、空気ひとつとっても、空気に取り巻かれなければ生きていけません。神様は被造物を取り巻いて生きているので、神様にはカタチがありません。

カタチのない神様にカタチを与えたい、という願望は昔からありました。私の知っている限り、その最高の表現は、『バガヴァッド・ギーター』の第十一章にあると思います。主人公のアルジュナが神様であるクリシュナに、「どうぞあなたの本当の姿を見せて下さい」と頼むのです。クリシュナという神様は、いつもは人間の御者、アルジュナの御者という形で人間の姿をとっているのですけれども、本当は神様だということが分かったので、アルジュナは、「お願いですから本当の姿を見せて下さい」と言うのです。でも、神様だったら姿がありません。この姿のないクリシュナが、アルジュナにどういう姿を見せるのかというのが、『バガヴァッド・ギーター』の第十一章のテーマで、とにかくすごいのです。

それを読んで気がついたのですけど、日本の仏教美術は、カタチのない神様をカタチにする美術ですよね。ですから、ありえない姿をしているのですけれども。例えば、顔が十一面ある、というのはありえない姿です。手は二本だと思っていると、阿修羅像などは、もっと複数いろいろな手が肩からにゅっと現れていますよね。要するに、カタチとしては現実にないものをあえてカタチにすると、仏教彫刻みたいになるのですね。『バガヴァッド・ギーター』は、そのイマジネーションをもっと膨らませて、神をカタチにして表現しているので、すごいのです。

でも、本来の神様は取り巻く存在ですので、カタチがあるはずはないのです。カタチがある神というのは、人間界に受肉した神です。でも、本来の神様は個別化されるのではなくて、取り巻くのです。

私たちの中で神様と似た在り方をするものがあるとすれば、それはシュタイナーのいうアストラル体です。共感とか反感とか愛とか憎悪とか、そういう思いです。例えば、愛情は相手を包もうとしますよね。それは神様の在りようです。シュタイナーが、人間の中で一番神に近いのは愛の働きだ、と言っているのはそういう意味なのですね。取り巻く。取り巻いて自分を無にして相手のために尽くす。そういう状態が神様の状態だ、と言うのです。その神様は、宇宙の天地創造の初めに自分のエネルギーを無の空間に注ぎ込んだら、そこに熱が現れた。神様の愛情が最初に物質化して現れたのが熱だ、とシュタイナーは述べています。その最初の造物主のことを、「根源の宇宙叡智」という言葉で述べています。

例えば、春秋社から出ている『霊的宇宙論』では、一九〇九年、まだ第一次世界大戦の始まる前のシュタイナーが、人間と宇宙との密接な関係を論じていますが、基本は、根源の宇宙叡智と愛情の問題です。愛をもつと、取り巻きます。取り巻かれた側も、相手に向かって自分の気持ちを流します。そうすることで相手と自分との関係が融合する、溶け合う、というのです。（ちなみに『宇宙的人間論』という本も出ていますが、これは一九二三年、亡くなる二年前に、人間と宇宙、あるいは被造物と造物主の関係を具体的に語ってくれています。)

一九世紀のドイツ文学は、意識的にその問題と取り組んでいます。ゲーテやドイツ・ロマン派の詩や文学を読むと、基本的に愛情の融合する力を取り上げています。大切なのは、人間関係の中で、相手を確認することではなく、自分が相手になりきることだ、という文学です。文学に限らず本来人間の在りようは、相手と自分との違いを確認することではなく、自分が相手になりきること、それが人間の関係の究極の在り方だ、と言っています。

シュタイナーはそのことをいろいろな形で述べています。例えば、相手の語ることを自分が語っているように聴く。自分の言葉を相手が語っているように語る。それが本来の会話の在りようだ、と言っています。相手の言っていることを自分とは違うな、と思って聴いているのでは、まだ会話になっていないというのです。自分の言葉のように聴く。考え方に違いがあるとき、相手と自分とに違った考え方があるときは、自分の考え方をいったん捨てて、相手の考え方を受け止める。そうでないと、本当の人間関係が見えてこないのです。

これはシュタイナーにとって最高の自己教育の在り方なのですね。この自己教育を自分の中で体験するか、しないかというのは、決定的なことだ、と言っています。学校教育の中で、先生が子供にこういう在りようを感じさせてくれると、その子供は大人になったときに、その感覚を思い出すというのです。でも学校教育で、自分と相手との違いばかり教えられて大人になってしまうと、社会生活をするときも、相手と自分の違いのほうに気をとられて、相手こそが自分だ、という究極の愛の感覚が育たない、と言っています。

何か周囲のモノを見るときに、可能な限り芸術的でないものがいいのですけど、たまたまそこに何かがあるとします。たまたまそこにあるというのは、だいたいあまり意識して向き合っていないので、ほとんど何も見えていないときが多いですよね。

例えば、私の使っているボールペンは、こすると消えるインクのボールペンです。このボールペンにはホルダーが付いていますが、そのホルダーだけが透明なのです。今ホルダーだけ透明なボールペンを使っている、と意識できていれば大したものですけど、だいたいの人は意識しないでボールペンを何年も何年も使っているのではないでしょうか。これなのですけど…（聴衆にボールペンを見せて）、これ（ホルダー）は透明ですよね。これだけ透明で、あとは赤かったり青かったり黒かったりするのですけれども、私は最近まで、このホルダーの部分だけが透き通っている、ということに気がつかないで使っていました。何気なく日常そばに存在している、例えば、和室でしたら、畳とか、障子とか、柱とか、壁とか、そういうものに改めて、美術館で作品を見るように向き合ってみると、どんなモノもすごいのです。言ってみれば、どんなモノにもイノチが宿っていて、存在しようとして存在しているのです。そのすごいモノが私たちを日常取り巻いていてくれています。イノチの宿ったカタチに取り巻かれて、私たちは生きているのです。

ですから改めて目を見開いて、一つひとつの日常の、自分の周りにあるものをしっかりと見てみると、自分の周りが天国のように輝いて見えます。どんな、みすぼらしいと自分で思っている部屋でも、改めて見ると光り輝いています。みすぼらしいと思うのは単なる概念的思考の結果にすぎません。自分の美的感覚でモノを見るときは、芸術作品ではなくても、どんなカタチもすごいのです。

自分の中の両極のバランス

モノがすごいと思えたとき、そのすごいモノと自分との間に、融合の関係が生じています。そのすごいモノのひとつが、このペットボトルです。このペットボトル君も一生懸命、存在しようとして存在してくれています。そのペットボトル君がカタチをとって今ここに現れているのは、それを生み出すイノチが働いているからです。ペットボトルのカタチにもイノチが宿っています。そう思ってペットボトルを見るのと、一二〇円で買ってきたペットボトルだ、と思って見るのとの違いです。

今日言いたかったのは、私たちの周りを取り巻いているモノは、どんなモノも光り輝いている。本当に、天国に私たちは今生きている、ということでした。その天国を汚しているのは、人間のほうですよね。取り巻いてくれているモノは、鉱物でも植物でも動物でも、皆人間のほうを向いて存在してくれているのですから。

ノミが一匹自分の体に紛れ込んできて、チクッと刺したときに、ノミ君が自分にメッセージを送ってくれた、と思うのと、しょうがないな！　何とかして潰してやりたい、と思うのとの違いです。でも両方ともありだと思うのです。

シュタイナーはその問題をめぐって、何かすごいことを言っているのですね。一九世紀の末から二〇世紀、二一世紀に向かって、私たちの基本的な生き方とは何か、ということを述べているのですが、本を持ってきたので、その部分を読ませていただきます。

これは、「シュタイナーコレクション」として筑摩書房から出ている『芸術の贈り物』です。この本の第一部は「芸術論」、第二部は「色彩論」の二部に分かれているのですけど、第一部の最後の所に、一九一九年の「人類進化の表現としての建築様式」という講演が出ています。そこの二五〇項以下にこんな文章があったのです。

> 一五世紀中葉以降になると、人間の最も本質的な在り方は、個性であろうとする努力なのです。個的な人格の力で、自分自身の中に中心点を見出そうとする努力なのです。

これが、一五世紀中葉以降の一人ひとりの人間にとって一番重要な問題になった、と述べ、続いてこんなことを言っています。

個人の中の個的な霊の働きを知らなければ、私たちの時代のさまざまな社会要求は理解できません。現代人は自分自身の基礎の上に立とうと望んでいるのです。

それ以前は、血縁とか、民族とか、人種とかを重視する感覚が大事だったのですけれども、時代が下るに従って、一人ひとりが絶対にかけがえのない存在だ、という方向に今時代が動いているので、自分が白人なのか黒人なのか、あるいは東洋人なのかということで自分を考える時代はもう終わった、とシュタイナーはいうのです。その後なのですけど――

しかしそれと共に、一五世紀中葉に始まり、三千年紀になってやっと終わるであろうこの時代には、ある事柄が特別重要になるのです。

三千年紀というのは、あと千年くらい先のことですね。

それと共にこの時代にとって特別に重要なものが生じるのです。なぜなら、「誰でも自分自身の特別な個性を求めて努力する」、というとき、ある規定されがたいものがそこに表現されているからです。

今は個性の時代だというときに、それだけでは説明できないものが現れている。

集合霊は「集合霊というのは、人々の集まりの中に働く霊のことです」、小さなグループをまとめるときでさえも、各人が自分の個性の源泉から得ようと努める個人の霊よりも、はるかに理解しやすいのです。

グループの中にいるほうがたった一人でいるときよりもずっと楽だ、というのですね。でも今の時代は、たった一人孤独になる、そういう孤独に耐える力が求められている、そういうことを言いまして――

私の言いたいのは、現代の人間にとって特別重要なのは、対極の間に均衡を求める努力だ、ということです。一方の極は頭の上を通り越して行こうとします。人間をそのような夢想家、空想家、妄想家にしようとするもの、不確かで無限的なものへの、不確かで神秘的な衝動、あるいは今日しばしばみられる汎神論的、有神論的な傾向［つまり宗教的な傾向］それが一方の極です。他方の極は、冷静で無味乾燥であることです。無味乾燥というのは言い古された言葉ですが、現代精神には実際ぴったりの表現です。これは、俗物根性、小市民根性という極でもあり、私たちを地上の物質万能主義に引きずり下ろそうとする極でもあります。この二つの極が一人ひとりの人間の中に存在しています。この二つの間で人間は生き、そして均衡を求めているのです。それではいったい、どれくらいの重たさでその均衡を求めることができるのでしょうか。

この後、五〇グラムの重さでも均衡がとれるし、一〇〇キログラムでも均衡が保てる、均衡のとり方の重さはさまざまなのだけれども、それぞれの重さの中で均衡をとろうとしている、とまずそう言い、その次にこんなことを言っています。

このことは、個的な人間であるということの無限に多様な在り方を教えています。その意味で現代人は、自分の本質が対極の間の均衡を求める努力の中にある、と洞察することが非常に大切なのです。

ここを読んでびっくりしたのですけど、シュタイナーにとって孤独であるというのは、自分の中にある二つの極のバランスをとるということなのだ、特に今の時代の中で自分を生かそうとするなら、自分の中に両極を見ないと、孤独のあまり生きていくのが苦しくなる、というのです。今の時代を一人で生きていくためには、自分の中に両極が必要だ、と言っているのですね。外向的であることと内向的であることの両極、物質的であることと霊的であることの両極、何でも良いのですけど、自分の中に両極を見つけて、その両極のバランスをとる、ということをすると、孤独から解放される、と言っています。

シュタイナーの決意

それについてさらにいろいろ述べた後で、この講演の最後の一ページに締めくくりとして、またすごいことが出ていました。最近これを読んで、改めてびっくりしました。こんなことを言っています。

もちろん今日の人は、機関車、電話、避雷針あるいは机などを作るとき、あるいは病人を治療したり、治療できなかったり、その他どんなことでも行うときに、それが地上の人類社会の中でのみ意味を持っている、と信じています。しかしそんなことはありません。この地上で何かが起きるとき、全宇宙に関わる事件が生じているのです。これは深い真実です。今日、一五世紀中葉以前の形式で、しばしば非常に誤解されたまま保たれてきた結社の秘密に通じている人びとはこの三つの秘密、第一に病気と健康、誕生と死の秘密、第二に、感覚世界が幻想であるという秘密、第三に、人間の仕事の宇宙的意味の秘密を経験しました。この人びとは、これらの秘密について、決まった仕方でしか語ろうとしません。（二六〇―二六一頁）

ここでシュタイナーが何を言いたいのかというと、伝統的にそれぞれいろいろな文化の中で、特別の叡智というか、特別の知識を人々に伝える、そういう結社があった、ということをいろいろ説明しているのです。ヨーロッパでは、フリーメーソンのような結社のことです。日本にもいろいろな結社があるようですけど。

……この人びとは、これらの秘密について、決まった仕方でしか語ろうとしません。しかしこれらすべてについて、まさにもっとも重要なこれらの事柄について、これからは過去におけるとは異なる仕方で語らなければならないのです。こういう事柄について、過去においては特定の結社内でしか語られてきませんでしたので、そのことがその後の一般の意識に、そして通常の自然知識や通常の社会思考などに影響を及ぼしました。

存在の特別の秘密というものがそれぞれあって、それは、特定の人々の間だけに伝えられてきました。もしそれを一般に公開したら、真剣に受け取ってもらえないような内容になったと思うのですけれども。

その後なのですね。

未来においては、どんな真理についても公開して、語らなければならないのです。そして認識の秘密の源泉から生じるものが、外的物質的な自然認識、外的社会的な立場などにまで流れ込んでこなければならないのです。人間は集合的意識から個的意識へと、完全に目覚めなければなりません。だからこそ、この決定的な変容《メタモルフォーゼ》、決定的な時代の歴史的転換について、芸術感覚を失うことなく、これからも語り続けたいのです。

どんなに一般にバカにされることがあっても、自分にとって一番大事だと思ったことは、隠さずすべての人に語らねばならない、というシュタイナーの決意が語られています。だから自分のメッセージを真剣に受け取ってくれさえすれば、自分は誰にでも語り続ける、とここで語っているのです。これは一九一九年、第一次世界大戦が終わった直後のシュタイナーのメッセージです。

これを読んで気がついたのは、シュタイナーは、地球が滅亡するまでそう長くはない、と思っていたのだと思うのです。恐らく当時はまだ、核エネルギーの開発というところまでは行っていませんけれども、でもシュタイナーは、そういう究極の破壊兵器がまもなく開発される、とは言っていました。破壊的なエネルギーが開発されて、人間が被造物のくせに造物主になったつもりで、何でも自分はやれる、と思い込んで、シュタイナーのいう技術と産業と営利主義、今の言葉でいうと金融資本主義がこのまま続いていったら、地球が滅亡するまであまり時間がない、と思ったのです。こういう時代になってしまったから、もう隠し事は一切しないで、すべてをおおやけにする時代が来た、というメッセージを伝えたのです。

何か途方もない危機の時代を今迎えています。日本でも冒頭で言いました、生活保護の給付金を減らそうなどというのもそうですけど、北朝鮮からいつ核を積んだ大陸間弾道ミサイルが日本に落ちて来るかわからないということが、平気で情報として伝わるというのは、本来からいうとありえませんよね。そういうことを言うときは、言葉が震えても当然です。自分たちのうちまもなく何十万人か死ぬかもしれない、という情報を語るのですから。戦争が始まったら同じ感覚で「戦争が今始まりました」という情報が伝わってくる、という感じです。そういう時代感覚に対するシュタイナーの危機感が伝わってきます。

シュタイナーとしてはまず第一に、われわれを取り巻いてくれている環境がどのくらい尊いものか、そこから始めるしかない、と思ったのですね。どんな石っころも、どんな草花も、ものすごく尊いもので、それを見るだけで世界が輝くくらい、楽園に今自分たちが生きているのだということを自覚しないと、未来が見えてこない、と言いたいのだと思います。

私たちはまず自分の感覚を、改めて美的に、もう一度改めて研ぎ澄ませなければなりません。夜空の月を見るのでも、あるいは道端の雑草を見るのでも、街路樹から落ちてくる葉の一枚一枚を見るのでも、何か途方もない霊界からのメッセージを今受けている、と思えるかどうかなのです。

シュタイナーのいう根源の宇宙叡智が、いま枯葉の一枚となって自分のほうに落ちてきている、と思えるかどうか。枯葉は絶対に人間の手では作れないものですよね。それが今自分のほうに落ちてくると、何かやっぱり私たちは楽園の中で生きている、と思うのです。どんなカタチも、よく見れば、みんなイノチを宿しているのですね。そういう中で、どうして戦争で何百万人も殺すことができるのでしょうか。どうしてこの尊い土地を、放射線で汚染させられるのでしょうか。

日本ですと、戦後まだ七〇年しか経っていない時代に、国土がものすごい形で破壊されました。第一次世界大戦からまだ一世紀も経っていないのに、今また再びとんでもないことになろうとしています。シュタイナーのメッセージは、そのことを語るために今でも残されているのだと思うのです。

筑摩書房の「シュタイナーコレクション」の中の『照応する宇宙』（一九一〇年、ウィーン）、これは「ミクロコスモスとマクロコスモス」というタイトルで講義されたもので、どのくらい人間であるということが特別のことなのか、いろいろ述べてくれています。知的な思考でものを見ないで、ハートの思考でものを見たり考えたりしてくれ、というのがこの本の中心のメッセージのひとつです。それから春秋社から出ている『霊的宇宙論』と『宇宙的人間論』、この両方は、ヒエラルキア、つまり霊的な存在たちと、被造物であるわれわれ人間との関係性を細かく述べています。私たち一人ひとりの中に神の働きが生きている、自分の中を見ることで外の宇宙を体験する、外の宇宙の中に人間の存在の意味を感じ取る、そういうことの在りようが詳しく出ています。

何か時代が今のようになればなるほど、宇宙と人間との関係とか、イノチとカタチとの関係が改めて問われているのではないか、という感じがすごくしています。これらに関してはいろいろノートしたこともあるのですけど、あまり余計なことを言わないで、この問題だけに絞ってお話したほうがいいと思い、今日の話は以上で終わりにさせていただきます。どうもありがとうございました。

（二〇一七年一二月二三日）

2 私の美学

「私の美学」というタイトルはすごく重いものですから、あれこれ考えていたら、どうしても自分の過去に遡らざるを得なくなりました。いったい、自分の中で美的な問題がギリギリのところで重要になってきたのはいつ頃なのだろう、と考えましたら、私の十代の後半の頃、自分の中に一つの問題が出てきて、何かにつけてその問題が自分の中で解決できないまま何年も経った、という記憶がありました。

その問題というのは何かというと、日常を過ごしている自分の心が、本来の心なのか、それともどこか自分にとって違和感のある心なのか、はっきりしなくなったのです。こんなことでいいのだろうか、という感じでしょうか。朝起きて食事をして、外へ出かけて行って、戻ってきて寝る、その繰り返しの中の自分というのは、果たして本当の自分の求めているような自分なのか、というのが分からなくなったのです。

どうして分からなくなったかというと、当時はまだ戦争が終わっていない頃だったので、みんな、あと何年生きられるか分からない、という状況の中で生きていました。日常はそんなことを忘れていたとしても、空襲警報があると電気を消して、部屋の中でじっとしていなければなりません。毎日が命がけというわけではなかったのですが、男子は誰でも召集令状が舞い込んでくると、すぐに一切の仕事を捨てて、軍隊に入って、さんざん嫌な目に遭って、場合によっては戦場で死ぬかもしれない、という状況の中にいたのですから、やっぱりギリギリの状況の中で、今のままの自分の意識が本来の意識なのかどうかということが、無条件に重要な問題になっていました。

『デミアン』と中野の音楽喫茶「クラシック」

そういう中で、あるとき私のいとこが軍隊に召集されて、あとに残された蔵書が形見わけみたいに親戚の家に配られたことがありました。その中の何冊かが私の所にも来たのですけれども、そのうちの一冊が、ヘルマン・ヘッセの『デミアン』でした。これもひとつの巡り合せなのですけれども、その『デミアン』が私にとって、唯一の聖書のようになりました。

当時、中学生でしたが、授業はなく、その代わりに近所の工場でひたすら働かされていて、まったくそれが当たり前のことでした。三鷹の中島飛行機という工場で飛行機の部品を作ったり、その後、吉祥寺の井の頭公園の近くにある、日本無線という会社で飛行機の通信機の組み立てをやったりしていたのですけれども、そういう中で、いつもポケットに突っ込んでいたヘルマン・ヘッセの『デミアン』が、聖書のように自分の魂を救ってくれました。このままでいいのか、というのが『デミアン』のテーマだったものですから、主人公のエミール・シンクレールと自分とが重なってしまい、そのうち『デミアン』の世界のほうが日本の日常よりもリアルな感じがしてきて、何十回繰り返して読んだか分からないくらい、毎日毎日、目を通していました。

この本のテーマは意識の変革なのですけれども、その意識の変革のキーワードとして、「運命と心情とは同じ意味をもつ二つの異なる言葉だ」というノヴァーリスの断章が出てきます。そのノヴァーリスの、「運命と心情は一つだ」という言葉を読んだことで、自分の魂の故郷は多分、ドイツのロマン派なのだろうと思い込んでしまいました。そしてどうしても、一日も早くドイツへ行って、ロマン派の現代への流れを実際に知りたくなりました。

その頃もうひとつ、自分の意識を変える具体的な場となってくれたのが、東京の総武線（中央線）中野駅北口から歩いて五分ぐらいの所にあった「クラシック」という音楽喫茶でした。

昼間でも薄暗くて、変な匂いのする喫茶店でしたけれども、入っていくと、信じられないくらい深刻そうな雰囲気が漂っていました。誰も喋らないで、一心に音楽に耳を傾けているのです。たまたま二人連れが入ってきてお喋りしていると、ウェイトレスがそーっと近付いてきて、耳元で「お喋りはなさらないで下さい」とささやくのですね。二人はびっくりして、すぐに席を立って帰ってしまいました。何か汚らしい空間なのに、聖なる場所みたいで、すごい所がある、と気がついてからは、毎日そこに通うようになったのです。

当時は戦後になってやっと大学に行き始めた頃でしたが、毎日家から歩いて、総武線の中野駅まで行ったときに、これからどうしようか、と必ず考えました。学校に行って講義を聴くのがいいのか、クラシックに行って音楽を聴くのがいいのか、どちらがいいかと考えると、クラシックで音楽を聴くほうが充実している、という結論が決まって出てきたので、クラシックに行って、夜になるまでそこに居たのですね。本も読めないくらい暗い所ですので、そこではただ黙って、音楽を聴くしかないような、そういう雰囲気でした。

終戦後に一年間、喫茶店の禁止令というのが出たことがありました。しかし、すべての喫茶店が営業停止だったときにも、いつもと同じように中野のクラシックだけはお店を開いていて、同じウェイトレスが、ただお水だけを持ってくるのです。お客さんはお金を払わないで、お水を飲んで音楽を聴いて帰るのですけれども、ずっと営業というか、お金にならない営業をずっと続けて、一年くらいそれで通したことがあって、ますます自分の居場所みたいな感じが強くなりました。

　そこにいて、話もしないし、本も読めないで、ただ目をつぶってクラシック音楽に没頭しているときに、何か不思議なことを感じました。聴いているうちに自分の内側が明るくなってくるのです。自分の内側が明るくなってくるのと同時に、意識の壁みたいなものがなくなって、意識が外に向かって拡がっていくのです。もちろん意識の外というのは音楽がただ響いているだけですので、要するに、音の響きの中に意識が拡がっていって、音と自分との間に距離がなくなって、ある意味では、自分の中からクラシックの音が響いてくるような感じなのです。

　それは何なのだろう、というのが謎でしたけれども、その後、ともかくがむしゃらにドイツへ出かけて行って、シュタイナーの思想と出会ったあとで、あのとき体験したことが、シュタイナーのいう「エーテル体験」だった、と気がついたのです。シュタイナーの講演録の中に、『オカルト的な読み方と聴き方』があります。筑摩書房から出ている「シュタイナーコレクション」にある、『内面への旅』の中の講義録ですけれども、一回目の講義の最後のところに、「深淵への落下」という部分があります。真っ逆さまに、崖の上から下に落ちていく。どこに落ちていくかというと、エーテル体の中に落ちていく、という記述があったのです。どこかで命がけになって、今いる自分の居場所から飛び降ります。固い地面なら叩きつけられてしまうでしょうけれど、エーテル界だと、魂がエーテル界に入って別な体験をするというのです。

崖から奈落に転落するのは、エーテル体験の場合は物質界ではなく、イメージです。私たちがぎりぎりの状況でそういうイメージをすると、そのイメージの中で、エーテル体の働きと出会える、というのです。実際、崖の上から下に落ちて粉々になったら、当然それで一生の終わりですけれども、イメージなら生きていられます。そのイメージの中で、何というか、命がけの行為に駆り立てられると、今まで見えなかったエーテルの世界が現れる、というのです。私は中野のクラシックという喫茶店で、それぞれ相手と話をしないで、みんな内側に集中して音楽を聴いているとき、音楽体験がエーテル体験に近くなる、ということを後で学びました。

意識が、夢を見ているときのように明るくなって、どこか澄んできて、空間が広がって、日常の空間と違う異質の空間に出会う、という感じでしょうか。そんなものを漠然と、クラシックという喫茶店で音楽を聴きながら感じていたのです。たぶん私の場合の美的体験ということになると、それが始まりなのではないか、と感じています。ある種の今まで知らなかった意識が、自分の中で自分の意識として感じられるようになってくると、音楽を通して体験したことなので、それがいわゆる美意識なのではないか、と感じ取れたものですから、その美意識のことをテーマにして、ロマン派を通して、美意識の本質みたいなことを勉強したいと思ったのが、「私の美学」の始まりということになるのでしょうか。

守屋謙二先生と井筒俊彦先生

ところが、大学で美学の勉強を始めて、美学者が書いているいろんな本を読みながらノートを取ったりしていきますと、難しい抽象的な概念をいっぱい覚えます。そしてその難しい抽象的な概念をいろいろ使って、一つのセンテンスを延々と長引かせて、長いセンテンスをいかにも厳密そうに作ることにある種の喜びを感じるようになったのですけれど、エーテル体験からはますます遠ざかっていきました。

学問的な美学の研究というのは、抽象的な概念を通して論理的な組み立てをすることは覚えるのですれども、それが果たして美的体験とか美意識とかにつながるのかどうかということになると、何かだんだん疑問になってきました。厳密な抽象的な概念は、ことによったら美的体験の正反対のところに位置しているのではないか。だから正反対のところでいくら勉強しても美意識そのものの本質が見えてくることはないみたいな、そんな感じがあったのですね。どうしてもそういう意味で、抽象的な概念を複雑に組み立てる作業ではない美学みたいなものを探したくなりました。

その頃、書物だけでなく、すばらしい学者との出会いもありました。私の大学時代は、本当に恵まれていて、私の場合は慶應義塾大学ですけれど、戦争で職を失ったすごい学者たちがたまたま何人も移って来られました。例えば、朝鮮の京城大学で日本語で講義されていたすばらしい教授たちが職を失って日本に戻ってきていました。新しい職を探さなければならなくなって、慶應にも有名な学者が集まってくれました。

しかも学生の数は少ないので、偉大な学者ひとり対受講生ひとり、という講義が結構多かったのです。私の場合などは、教務課に呼ばれて、「あなたが授業を受けないとこの先生が職を失います。だから単位を取ってください」と言われて、言われた通り単位を取ると、受講生は私一人で、個人的に、ほとんど家庭教師的にいろいろな学者と出会うことができた、そういう時代だったのです。

そういう中で、偉大な美学者であり、西洋美術史の専門家でもあり、ヴェルフリンの翻訳もされていた守屋謙二先生から、「美学特殊」の講義を担当する教授がいなくなってしまって穴が開いたので代わりに教えなさい、と言われました。当時はまだ大学院の学生でしたから、学生をやりながら一方で講師をやるというような、変則的というか、学校そのものが自由な雰囲気だったのですね。私には、その教授が、「授業をやりなさい。自信がないのだったら、その前の日に家にいらっしゃい」とおっしゃいまして、例えば、水曜日が美学特殊の授業の日だとすると、火曜日の夕方に守屋先生の家を訪ねると、先生が待ってくれていて、徹底的に、次の日に何を教えたらいいのかを教えてくれるのです。別の「美学演習」のためには、テキストとして、ロマーノ・ガルディーニというカトリック系の学者の『出会い』という、百ページくらいのドイツ語のテキストを用意してくれました。しかもそのときも、あらかじめ一ページ一ページ僕に訳させて、その訳の不備なところを指摘してくれて、という形で育ててくれたのです。そういう環境の中にいたものですから、他と比べられないので、それが当たり前みたいに思っていて、特にありがたいとも思わないで学生と先生をやっていました。

　そんな中で、あるとき井筒俊彦先生とも出会いました。美学科のある先輩から、すごい先生がいるから紹介する、一緒に来ないかと誘われて、図書館の食堂に行ったのです。そしたら、井筒俊彦先生が女子学生に囲まれて食堂で座っていました。そこに連れて行かれて紹介してもらったら、いきなり井筒先生が僕に、「君は、カロッサとリルケと、どっちが好き？」と聞くのです。突然聞かれたのでびっくりして、いい加減に「リルケ」と言ったら、「じゃあ、友達になれるね」みたいなことを言われたのです。当時の大学では、先生と学生が仲間同士という感じだったのだと思います。もちろん厳しい一面もありましたけれども。

　井筒先生は当時すでに『神秘哲学』で有名でした。三十代で書いたというのですけど、ともかくギリシア哲学を信じられないくらい、身近にしてくれる本です。難しい日本語を使っていて、ちょっととっつきにくいのですけれども、よく読むと非常に明快で分かりやすいのです。

その井筒先生の『神秘哲学』を一生懸命読んでいたら、アリストテレスについての部分で、こんなことが書いてあったのです。

　プラトンは、物質存在の外に理念の世界を考えているけれども、アリストテレスは、物質存在の一つひとつの中に理念を見出している、というのです。ギリシア哲学ではそれを有名な質料と形相（物質と形式ではなく）と言います。質料は、それだけではまだ形に現れていない素材なのですけれども、それが形をとってこの世に姿を現すと、形相と呼ばれるのですね。単なる素材と、具体的な形になって地上に存在するその「カタチ」です。理念はその形相、カタチの中に働いているということを、アリストテレスが語っている。そのことを、すごく明快に説明してくれています。しかもその後で、「ヌース」という言葉を使うのです。ヌースとは、普通は「知性」と訳しています。でも、知性ではないのですね。正確に言い換えれば、「霊性」なのでしょうが、一般には知性と訳されています。

　現代の哲学用語ですと、ベルグソンなどは、知性という言葉をもっと非常に限定した形で説明しています。ベルグソンの『創造的進化』では、宇宙には二つの原理がある。一つは、エントロピーに従って存在を単純化し、消滅させる原理。もう一つは、逆に存在を秩序づけ、発展させる原理。そう述べていて、その第二の存在である、秩序づけて発展させる働きは知性では把握できない、と言っています。それが把握できるのは、本能の働きを意識化させて、直観という能力に変えたときだ。その直観なら把握できる。知性では把握できない、と言っています。その場合の知性は、限定された、論理的な理解力のことですよね。ところが、日本のギリシア哲学ですと、ヌースを知性と訳しているので、知性という言葉が、もっと全然違う意味に用いられているのです。私はたぶん、霊性と訳すべきだろうと思いますけれども。

アリストテレスは、その知性、ヌースを、二つに分けて、「能動的な知性」と「受動的な知性」に分けている。ただし、アリストテレス自身は、能動的知性という言葉を使ってはいない。そういうことを井筒先生が説明してくれています。

それで、何が言いたいのかと言いますと、どんなものも、例えば、ここにペットボトルがありますけれども、このボトルの中にも理念が潜んでいる。理念がなかったら、このボトルは存在できない。その外に現れていない理念を、アリストテレスは、能動的知性、能動的ヌースと言ったというのです。ある人は、ヌースを叡智と訳していて、能動的な叡智がこのボトルの中に込められている、とも言います。直観でなら、ものの中の能動的な知性を感じ取ることができる。そしてそのことが美的ということだ、というのです。この美学を、井筒先生を通して学びました。美的な態度というのは、どんなものの中にも潜んでいる能動的なヌースを直観によって体験すること。それが美的体験だ、と教えてくれたのです。

ミュンヘンへ

それで、美的という概念が自分の中でだんだん固まってきましたので、どうしてもヨーロッパに行かざるをえなくなりました。外国で勉強する可能性は、留学生試験に合格するしかないので、なんとか合格しました。合格して、生活費と授業料が支給されることになり、ミュンヘンへ行きました。なぜミュンヘンかというと、何としてもまずゲオルゲ派と出会いたい、と思ったからです。シュテファン・ゲオルゲという詩人が精神的なグループをつくっていて、当時、私が一生懸命読んだ、浅井真男という早稲田大学の独文の先生が訳された『ニーチェ』は、このグループのエルンスト・ベルトラムが書いたニーチェ論だったのです。

また、余計なことを言わせていただきますと、戦後、ほとんど本らしい本がまともに出ていない頃に、神田の神保町に行きますと、売れていない本がずらっと並んでいました。その中で、箱入りで大きな、一番堂々としている本が、「ベルトラム　ニーチェ　浅井真男訳」でした。筑摩書房から出た本で、とても目立っていました。私はベルトラムの『ニーチェ』を買って、ニーチェの勉強を始めたのですけれども、読んでみて、本当にびっくりしました。そもそも、ニーチェに関する本はいろいろありますけれども、ベルトラムの『ニーチェ』くらい、意識の深みを徹底して掘り下げようとしているニーチェ論は見たことがなくて、読んでいて、ドキドキワクワクの連続なのです。よくこんな本が翻訳されたものだと思って、それから浅井真男という名前は、自分の中で恩人のような感じでいたのです。

このエルンスト・ベルトラムが、シュテファン・ゲオルゲのグループ（ゲオルゲ・クライス）のメンバーだということが分かりましたので、シュテファン・ゲオルゲ派のグループと出会いさえすれば、自分が目指している意識の拡がりとか直観とか、あるいは目的論的なものの見方、考え方と出会えるのではないのか、と考えていたのです。

ミュンヘンでそれを探している頃に、たまたま全く偶然に、シュタイナーの勉強をしている法律家で弁護士をやっている、ディートリヒ・シュピッタという方と出会いました。その人から最初に『神智学』を渡されて、「ともかくこの本をまず読んでみてくれ」と言われて、シュタイナーの本にはじめて触れたのですけれども、そのときにシュピッタさんに、自分は実はゲオルゲ派と出会いたいのだと言いましたら、彼がこんなことを言ったのです。

戦前からミュンヘンには、二つのグループがありました。一つのグループはゲオルゲ派のグループで、いつも貴族たちが集まっていました。もう一方のグループはルドルフ・シュタイナーのグループで、アルバイターたち、労働者たちが集まっていました。それで、どっちにつくか、みたいなことを言われてしまい、仕方がないから、貴族たちの集まりであるゲオルゲ・クライス（派）のほうに行くのをいったん諦めて、労働者が集まっているらしい——実は貴族たちも集まっていたことにあとで気がついたのですけれど——、ルドルフ・シュタイナーのグループに何となく縁ができて、その人たちにいろいろ質問をさせてもらいました。その頃に私は、以前に中野の「クラシック」で、クラシック音楽を聴いて体験したのと同じようなことを、造形美術でも体験したいと思って、毎日、朝起きるとコーヒーを飲んで、パンを食べて、美術館通いをしました。

主にミュンヘンと、それから遠いのですけれど、パリに出掛けていきました。はじめはともかくミュンヘンとパリは徹底的に見ておこうと思い、まず自分が住んでいるミュンヘンの美術館を片っ端から見て歩いたのです。そのときに、自分の見方というのがあって、「クラシック」のときと同じように、一つの絵の前に立って、それから意識が明るくなって拡がるまで一つの絵に集中するという、そういう見方を自分で考えました。「クラシック」でオーケストラを聴くと、だいたい三〇分が単位になっていたので、同じように絵を見るときも三〇分ぐらい一つの絵の前に立って、その絵と縁ができるのを待っている、という見方をしたのです。

全部そんな風に見るわけにはいかないので、見当をつけて、自分の大事なものを選んで見ていて縁ができたのは、シュタット・ガレリー（市立画廊）でした。そこにはドイツ表現主義の重要な作品が集まっていたのです。カンディンスキーやパウル・クレーはもちろんですけれど、ヤブレンスキーとか、ヴェレフキンとか、フランツ・マルクとか、アウグスト・マッケとか、それらドイツ表現主義者の絵を見ているうちに、特に惹かれたのは、クレーとカンディンスキーでした。毎日クレーとカンディンスキーの前に立ったり、ときにはルネサンス、バロックの名画が展示されているアルテ・ピナコテークと、近代の作品が集まっているノイエ・ピナコテークを訪ねて行きました。

フーゼマン先生のもとで

あるとき、アルテ・ピナコテークの一五世紀の宗教画を眺めていましたら、隣で同じように見ている人がいたので、つい話すようになり、近所の喫茶店でおしゃべりをしたら、その人は、シュタイナーの研究家だ、というのです。「お仕事は?」と聞きましたら、「著述業です」と言ったのですけれども、実は、キリスト者共同体の牧師さんだったのです。でもそれを言うと嫌われると思ったらしくて、著述業と言ったのです。

あるとき、「次の週に、シュトゥットガルトで大事なゼミナールがあるので、参加しませんか」と言われて、一週間のゼミナールに出掛けていきました。それは、キリスト者共同体が主催している若い人たちのためのゼミナールで、そこで自分の恩師にあたる、ゴットフリート・フーゼマン先生とか、フリードリヒ・ベネシュ先生とか、わざわざドルナッハから教えに来てくれた自然科学者とか、シュトゥットガルトのシュタイナー学校の校長先生みたいなことをやっていたバイセルトさんとか、いろいろな方が来て、やっぱり個人指導的にシュタイナーの本質を教えてくれました。

そしてそこで、ゴットフリート・フーゼマン先生を通して、シュタイナーの一番本質的なことを学ぶことができました。フーゼマン先生は毎晩、夜十一時頃に御自分の仕事を終えられたあと、個人的に相手をしてくれました。行くと、黒い背広にネクタイをして、ピカピカの黒い革靴を履いて待っていてくれました。そして時間をかけてシュタイナーの秘儀を伝授してくれました。そのおかげで、シュタイナーこそ私の求めた目標だと思うことができました。

シュタイナーの人智学は、どんなものにも、生命というか、存在する目的が宿っている。だから、どんなものとも出会いが持てれば、大切な、かけがえのない縁ができる、ということを教えてくれます。人間との関係も、もちろんそうで、どんな人もそれぞれかけがえのない唯一の存在なのだから、優劣を評価したり、他の人と比較したりすることには意味がない、というのです。ですから、シュタイナー学校では試験がありません。

どんな人も、絶対的にかけがえのない存在だ、どんな人の中にも偉大な叡智が宿っている、ということを、シュタイナーは一九一二年の講義でこう述べています。

——どんな人の中にも、二つの自我が宿っている。より優れた自我と、より優れていない自我がある。私たちの知っている自我は、より優れていない自我なのだ。私たちが日常知っているこの自我は、この世を生きるとき、自分の人生を肯定的に見ていない。納得がいかない、こんなはずじゃない、と自分を見ている。でも、いつも出会っているこの自我は、出来の良くないほうの自我なのだ。出来の良いほうの自我は、いつもは無意識の中に隠れているけれども、この自我は、この世の辛いこと、苦しいことを自分が生み出したと思っている……、というのです。

普通だと逆なのですけれども、自分の中の本当に優れている自我は、わざわざ辛い人生のほうを選んでいる、と。何故かというと、その、より優れている自我から見ると、今の自分というのはまったく未熟で、納得できない自我なのです。ですから、もっともっと辛い試練が必要だ、というのです。でも、あまり優れていない自我はそれに納得できないで、こんなはずではない、もっと自分は幸せであるべきだ、と願っている。そんな説明をシュタイナーはしていました。

シュタイナーの思想を学ぶと、人生の中の良いこと悪いこと、幸せと不幸せの関係が、逆転するのです。逆転しないと霊的な問題と結びつかない、というのです。この世が幸せで問題がない人生を送っている限りは、霊的な問題と出会う必要などありません。自分の中に未熟なものを見つける、より優れている自我が働いているときは、自分に辛い人生を選ばせていることになるのです。

ニーチェとシュタイナー

それで、フーゼマン先生の下で学んだのは、そのより優れている自我と、どうすれば出会えるのか、という問題でした。この問題は、実はニーチェとすごく結びついています。ですから私の美学は、土台はシュタイナーに作ってもらった感じなのですけれども、しかしもっと掘り下げると、ニーチェの思想が流れている美学のような気がします。

ご承知の通り、シュタイナーはニーチェの弟子ですよね。若いシュタイナーがアンケートに答えている資料があります。「あなたは何になりたいですか」とか「あなたの好きなもの、嫌いなものは」とかというアンケートです。以前『若きシュタイナーとその時代』という本を書いたときに、それを載せたことがありましたが、「どういう人になりたいですか」という質問に、シュタイナーは「狂気になる前のニーチェ」と答えていました。ニーチェは若きシュタイナーの目標でもあったわけです。

今言いましたもうひとつの自我の問題を、ニーチェは「祝祭的な瞬間と出会う」という言い方で述べています。このことはニーチェの思想の根本問題に触れることでもあるので、飯塚さんに頼んで、資料を皆さんに渡していただきました。白水社版のニーチェ全集の中から抜粋したものです。他にもいろいろ見ていただきたい文章がありますけれども、とりあえず二点コピーしていただきました。

ついでに余計なことを言うと、ニーチェは、戦前というか、明治の頃からいろいろな翻訳が出ていますので、わりと身近に読めると思いますけれども、うっかりすると、何が書いてあるか分からないような難解な訳文を読まされる可能性があります。そうすると読んでいて、自分の頭が悪いと思って自分を責めるのですけれど、本当は読者の頭のせいではなくて、翻訳のせいなのです。そういう翻訳が多いものですから、ニーチェの翻訳は気をつけて、分かる翻訳を選んでいただきたいのです。

私の経験でいいますと一番分かりやすいのは、白水社から出ている「ニーチェ全集」です。何故かと言いますと、白水社から出ている「ニーチェ全集」は、ドイツ文学者が訳してくれているのです。ところが、他の「ニーチェ全集」は、哲学者が訳しているのです。日本の哲学者は外国語が得意ではないと見えて、哲学者の訳しているニーチェは、だいたい何が訳されているか、日本語で読んでも分からないような訳が結構多いのです。ドイツ文学者ですと、基本的に語学が専門ですので、はっきり意味を受け取って訳してくれています。西尾幹二さんも元々ドイツ文学者で、白水社版の「ニーチェ全集」の訳者の一人です。とても分かりやすい訳文ですよね。

何を見ていただきたいのかというと、「序言」というのがありますよね。これは「アンチクリスト」の序言です。新約聖書、特にパウロの書簡を読んでからこのニーチェの「アンチクリスト」を読むと、すごくスリルがあります。ニーチェは牧師さんの家に生まれた人だけあって、聖書のことも、子供のときから精通していました。それを踏まえて、わざわざアンチクリストなのですね。それの序言です。この序言の真ん中あたり、八行目、「諸君は」というところから読ませていただきます。

> 諸君は無関心になりきってしまわなければならない。真理は役に立つものかどうか。真理は自分には災いになるのではないか。そんな疑問を抱いてはならない。今日、誰ひとり扱う勇気のない問題を愛好する強さ。禁じられたものへの気力。はじめから行きつく先は迷路とわかっている運命。七つの孤独からなるある経験。新しい音楽がわかる新しい耳。はるか遠方を見通す新しい目。これまで沈黙し続けていた諸真理、これまで隠されていた諸真理に立ち向かうひとつの新しい良心。そして、大規模な節約への意志。自分の力、自

分の感激を抑えておこうとする意志。自己に対する畏敬。自己への愛。自己に対する絶対の自由。

ここでニーチェが何を言いたいのかというと、日常、当然だと思えているような常識がいろいろありますね。私たちの一方の自我は、当たり前のように、今の私たちの生活環境の中で、その環境に適応しようとして生きています。ある意味では、現在の金融資本主義だとか、ネオ・リベラリズムだとか、金融のグローバリゼーションだとかというものの中で、当然のように自分を生かして生きていますよね。そういう現在の生活に適応しようとする自我とは正反対の自我を、ニーチェはここで数え上げています。

ですから、シュタイナーの言う優れていない自我に対する、より優れている自我のことを、ここでこんな風に並べ立てています。そういう点で、ニーチェの価値観とシュタイナーの価値観とはぴったり一致するのです。続いて、その左側に十三という所があります。アンチクリストの十三章です。こんなことが書いてあります。

次の事実を軽く考えないようにしたい。われわれ自身が、われわれ自由なる精神が、すでにあらゆる価値の価値転換にほかならないことを。

ニーチェは、一切の価値の転換を最終目標にして、気が狂うまで著述活動をしていました。だんだん孤立していって、孤独の感情が強くなっていくものですから、一八八〇年代、特に八六年、八七年、八八年の頃のニーチェは、全く孤独だったのですね。ですからニーチェのいろいろな文章の中に、「七つの孤独」という言葉が繰り返し出てくるのです。その場合の「七つ」は、「どこに行っても」ぐらいの意味です。どこに行っても孤独なものですから、「七つの孤独」なのです。それで、一切の価値の転換とは自分のことだ、このことを軽く見ないでくれ、と書いています。

自分がここに居ることで一切の価値の転換が生じている、というのは、自分だけが価値評価の基準になる、という意味ですよね。どんな価値を考えるときでもまず自分で評価することを、ニーチェは読者に訴えているのです。絶対に既成の標準で価値を決めないでくれ、価値があるかどうかを考えるときには、必ず自分の中のより優れた自我に委ねてくれ、そういう意味で「七つの孤独」であり、したがって、一切の価値の転換とは自分のことである、という言葉が出てくるのだと思います。

ニーチェを読んでいくと、シュタイナーの言う、より優れた自我のことがいろいろ出てきます。普通は無意識の中に隠れて表へ現れない、そういう自我です。ニーチェで言えば、一切の価値の転換を決定する自我ですね。この自我には、祝祭的な瞬間に立ち会わないと出会えない、というのです。「祝祭的な瞬間」という言葉をニーチェは使います。どんな人にも一生の中で、いろいろな形の祝祭的な瞬間がある、そしてその祝祭的な瞬間に立ち会うときに、隠れた、より優れた自我と出会える、というのです。

一瞬に賭ける思想

ニーチェの思想は、要するに、この点に集中していると言えます。ひたすら祝祭的な瞬間に出会おうとしています。

ここで、祝祭的な瞬間について私がノートしたいくつかの文章を紹介させていただきますと、一つはジョルジュ・バタイユの文章です。ジョルジュ・バタイユの「無神学大全」というシリーズの中の、『内的体験』という本の中にこんな文章を見つけました。

> もし私が思い切って、「私は神を見た」と言うとしよう。すると、私の見るものは質を変えてしまうだろう。想像もできない未知のものの代わりに、死んだ客体が、神学者の持ち物が顔を出すことになる。そして未知のもの［つまり、言葉に出す前の神］は、そうした客体に従属させられてしまうだろう。

ここでジョルジュ・バタイユは、祝祭的な瞬間のことを簡単に口に出して他の人に話してしまうと、その瞬間に祝祭的な瞬間が消えてしまう、と言っています。「私は神を見た」と言った瞬間に、自分の中にある尊いものが、たちまち手垢に汚れた神という概念にすり替わってしまう、と言っているのです。バタイユは、ニーチェの思想の一番の本質である祝祭的な瞬間のことをこんな風に述べています。

白水社版の「ニーチェ全集」は第一期と二期に分かれていますけど、その第二期の十一巻目がすごいのです。ついでにいうと、ニーチェの本質を知ろうと思ったら、出版されていない遺稿の中に本質が隠されているので、遺稿を見れば一番よく分かります。ひたすら自分の思いをノートにとって書き溜めて、それを出版しないまま亡くなったのです。その遺稿を世に出した一人がルドルフ・シュタイナーでした。彼は、ニーチェの妹、エリザベートに頼まれて、遺稿をまとめて出版する仕事をやった一人でしたので、ニーチェとはとても身近な存在だったのですね。

次にニーチェ自身の言葉を紹介しますと、

> 一切の価値の転換の基本は、道徳的価値から美的価値への転換である。

価値転換の基本は感情にある。思考は過去にこだわる。感情は瞬間にかける。

この「かける」は、賭博などの「賭ける」です。

意志は未来へ向く。だから瞬間は感情を必要とする。

祝祭的な瞬間は、感情によってたった今体験するのだ、というのです。

賢い自分と出会うためには、人生の祝祭的な瞬間がなければならない。この瞬間とは、自分を認識するとは世界を認識することであり、世界を認識するときはじめて自分を認識する、と感じ得た瞬間のことである。

これも晩年の遺稿ですけれども、もう一つ「瞬間」のことで、すごいと思った文章があったので、あと一つだけ紹介させていただきます。これは『ツァラトゥストラ』の有名な一文です。『ツァラトゥストラ』の白水社版の二三〇ページです。

> 二つの道がここで互いに出会っている。どちらの道もまだ誰も果てまで歩んだことのない道。後ろへ［つまり過去へですね］伸びている道は永遠に通じている。前のほうへ［つまり、未来へですね］伸びている道も永遠に通じている。互いに相容れない二つの道が、今ここで頭を突き合わせている。そして、この門のところで二つの道は出会っているのだ。門の名前が上に掲げられている。いわく、〈瞬間〉。この瞬間に身を置くときにはじめて、美とは何かが分かってくる。

何が言いたいのかというと、今私たちはここに立っています。今という瞬間です。ニーチェにとっては、今のこの瞬間が唯一の現実なのですね。一秒たっても、二秒たっても、一分たっても、過去になってしまうと、過去は必然で、もう取り返しがつきません。たった一瞬の今だけが現実で、変えられますよね。一歩未来のほうを向くと、一寸先は闇で何が起こるかわかりません。その闇の中で、自分たちが何か新しいことを試みます。そういう状況の中でニーチェは、二つの道が過去へ向かって、未来へ向かって拡がっている、というのです。そしてこの道を蛇でイメージしています。無限に長い蛇です。その二匹の蛇がそれぞれ顔を、現在の一瞬に向けている、というのです。

だから未来からも蛇が今の一瞬に顔を向けていますし、過去からも蛇が今の一瞬に顔を向けている、というのです。このイメージのすごいところは、私たちが過去と未来をイメージするとき、未来の顔も、過去の顔も、今の一瞬においてしか見ていないという点です。過去というと、過去の顔は一年前にも百年前にも千年前にもある、と思っていますが、ニーチェは、過去の顔は今の一瞬だけ現れている、とイメージしています。未来の顔も今の一瞬だけに現れていて、出会っている一瞬を仮に「門」と名づけるとすると、今、自分たちはその門の所に立っていて、門の上には額がかかっていて、その額に「瞬間」という名前が刻まれている。だから未来と言っても、過去と言っても、その姿は今のこの一瞬だけに見えている。そう述べています。そしてこのことを「一瞬に賭ける」とも言っているのです。

一瞬に賭けないと、自分の中の優れている自我と出会えないし、この一瞬が体験できると、その一瞬は祝祭的な瞬間に変わる、と言っているのです。私の感じでは、これがニーチェの本質です。この体験をニーチェはいろいろな形で、『ツァラトゥストラ』でも『人間的、あまりに人間的』でも、あるいは『アンチクリスト』や『善悪の彼岸』においても取り上げているのですね。

まとめのような文章を見つけました。これも「ニーチェ全集」第二部の十一巻に出ていました。

人間とは何か。私はこう答える。私たちは、どんな可能性に対しても開かれている期待であり、如何なる物質的な満足によっても沈められない期待であり、言葉だけでは解決できない期待である。私たちは頂点を追い求める。この期待を生かすことこそが頂点であり、最高の瞬間である。

もし、私たちがネオ・リベラリズムの、現在の金融資本主義の中での、現実に適応しようと思っている自我でこれを読むと、何のことだか全然分かりません。例えば「どんな可能性に対しても開かれている期待である」といっても、自分たちはどんな可能性にも期待が持てない。派遣社員が正社員になろうとどんなに期待してもかなわない。どんなに頭のよい成績優秀な学生になろうと思っても、いつも自分の頭の悪さを思い知らされるみたいに思うと、ここに書いてある文章は全部意味がなくなってしまいます。

ここで言っている「期待」というのは、物質の世界と正反対の世界に身を置かない限り意味がありませんよね。言ってみれば、第二の世界。物質の世界と正反対の世界。そこに身を置くと初めてここで言っている言葉が見えてきます。ですから、こういう言葉で終わっています。

抑圧的なあなたの運命。あなたがそれに耐えられなくなったら、愛しなさい、その運命を。選択の余地はもうないのだから。

ニーチェは、ご承知の通り若いとき梅毒にかかって、治る可能性がなくて、いつ自分が狂うか分からないという状況で、ずっと仕事をした人ですよね。二五歳のときにバーゼル大学の正教授になったときも、梅毒で辞めざるを得なくなります。それからはいつも頭痛がつきまとっていました。頭痛に悩みながら著述活動を続けていったので、ニーチェ自身は自分の人生を最低の人生だと思えば思えたのですけれども、そのニーチェがこういうことをいうのです。瞬間に賭けなさい、と。それから自分の運命に耐えられなくなったら、その運命を愛しなさい、選択の余地はもうないのだ、というのです。

ここでも、瞬間が唯一の現実なのです。もし私たちが価値の基準を未来に置いたり過去に置いたりしたら、自分自身を責めるしかないのですけれども、今のこの一瞬だけに価値の基準を置けばどんな人も自由になれる、とニーチェは悟って、それを他の人に伝えたかったのですね。だから一切の価値の転換であり、瞬間に賭けるのです。

先程のテキストをちょっと見ていただきたいのですけれども。もう一方のテキスト、『残された断章』一八八八年、春。ニーチェは八八年の年末から正月にかけて気が狂ってしまったので、その気が狂う年の春です。真ん中のところにこんな文章があります。

空間と時間の感覚は一変した。途方もない遠方が見えてきて、はじめていわば知覚可能となる。

途方もない遠方が知覚可能になった、空間と時間の感覚が一変した、というすごいメッセージです。終わりから六行目を見ますと、こんな文章があります。

芸術家は如何なるものをもそのあるがままに見てはならない。むしろより豊かに、より単純に、より強烈に、見なければならない。そのためには、芸術家は、一種の永遠の若さと春を、一種の瞬間的な法悦を身に宿していなければならない。

シュタイナーのいうエーテル体験を、ニーチェはこんな言葉で表現してくれています。どんなものも強烈に集中して見ると、姿が変わる。強烈に見るというときの強烈さは、空間的にも時間的にも言えることですけれども、意味が変わるというのです。私たちの目も耳も二種類あるのですね。物質的な時間、空間で見るとき、あるいは聴くときと、エーテル的な時間、空間で見るとき、聴くときとは違うのですよね。自分たちには二通りの見方、聴き方がある、と感じるのが美的感覚であり、美的意識なので、美の世界というのは、ある意味では空間と時間の変容ともいえますよね。ここではそのことをこんな風に語っています。

瞬間の美的体験

それから瞬間の問題で、もう一つ紹介したいと思う文章があります。これはコリン・ウィルソンです。コリン・ウィルソンには、ニーチェ論もシュタイナー論もありますけれども、これは『性のアウトサイダー』、セックスのアウトサイダーという中公文庫の一節です。ニーチェの言うもう一つの見方のことを、コリン・ウィルソンは「X機能」と呼んでいますが、このX機能を説明している一文です。

> X機能とは、少しも難しいことではなく、突如として別の時間、場所の現実を捉えるという、誰もが持っている能力のことである。ごく単純な例が、プルーストの、「スワン家の方へ」にある。［プルーストの小説を例として取り上げていて、別の時間、別の空間に移るときの、日常の経験のことを取り上げています］

ある日、疲れ、意気消沈して帰宅した彼は、マドレーヌを紅茶に浸して食べる。すると突然、コンブレーでの幼年時代がありありと蘇ってきた。その思い出があまりに鮮やかだったので、彼は一瞬、自分がまた子供になったような気さえした。彼はこう書いている。「妙な快感が私を襲ったのだった。たちまち、私の人生の有為転変は私にとってどうでもいいものとなり、人生の災厄は無害なものとなり、人生の短さは錯覚だと思われた。私はすでに自分が自分を、取るに足らない、偶発的な、死すべきものと感じることをやめていた」。

こう引用した後で、コリン・ウィルソンはこんなことを述べています。

プルーストの描いているこの一瞬の光景が、人生における、そして生命の歴史における一大転換の、すぐ手前まで近づいていることを暗示している。

そうコメントしています。ここでも、永続よりも瞬間のほうが手ごたえがある、という「一切の価値の転換」のことを言っていますね。この一瞬の体験の中に、コリン・ウィルソンも、ジョルジュ・バタイユも、ニーチェも、美的体験の一番本質的なものを見ようとしています。だから、芸術論の中でこういう言葉が出てきているのです。

「私の美学」がテーマなのですけれども、この「瞬間に賭ける美学」を私はニーチェからもシュタイナーからも学びましたし、ジョルジュ・バタイユからも随分学んだので、最後にバタイユの引用をさせていただいて終わりにしたいと思います。

これは、バタイユの『エロティシズム』の中の一文です。コリン・ウィルソンも『性のアウトサイダー』で本質的なことを言うし、ジョルジュ・バタイユも、『エロティシズム』で本質的なことを言うので、セックスの体験と神秘体験とをどこかで重ね合わせています。セックス体験で神秘体験を感じ取るように表現しています。無条件的一瞬の条件とは何か、ということを述べている部分です。

> 神秘家の体験はその本質たる死への運動のおかげで、極限的な段階、つまり最高度の緊張の瞬間に向かって動き出している。主体は永遠化した瞬間の中に吸い込まれていくのだ。未来や過去への執着は続かず、見たところ、決定的に主体は瞬間の中にいる。瞬間は瞬間自身だけで、永遠になる。

バタイユの先程の『内的体験』も、同じことを言っています。『内的体験』は平凡社ライブラリーで出ています。

> この瞬間、現在ただ今の瞬間、私の不在でもなく、私でもなく、死でもなく、光でもなく、そして私の不在でもあり、私でもあり、死でもあり、光でもあり、私の中にひとつの軽やかな笑いが海のように立ち上り、際限もなく不在を充たす。すべて在るものは、在りすぎる。

これも瞬間に対する表現なのですけれども、瞬間を表現するという、途方もなく難しいことをあえてするわけです。ここで問題にしている瞬間は、一生でもいいのですよね。一生も瞬間だと思えば。一生そのものが、永遠から見れば、一瞬です。でも、その一生でもあり、永遠でもある瞬間を一瞬でも体験できたとき、美的になる、と。だから自分の一生のことを振り返るときにも、瞬間として体験してくれ、と。そうすると、その一瞬が永遠の面影を宿し始める、というのです。

自分の一生を瞬間だと思うのは難しいことですけれども、でも、自分の過去を振り返るときは一瞬かもしれませんよね。生まれてから今までの自分を一瞬のうちに振り返ることもできるわけです。同じように、これから死ぬまでの未来も、一瞬の期待か、憧れのようにイメージすることもできるかもしれません。

ニーチェはいずれにしても、永遠の顔が現在、たった今、自分のほうに向いている、というのです。過去も未来もしっぽだけだ、というのです。それで、しっぽをいくら探っても意味がなくて、蛇の顔は、今の一瞬だけ自分の方に眼を向けている、と。

この一瞬が美的体験であり、こうした感覚が美意識なのだ、ということを考えると、芸術体験というのは、どんなときも一種の永遠の体験でもあるし、他者と共有できる体験でもありますよね。

例えば、私たちの身近な芸術体験で言うと、テレビ・ドラマですけれども、例えば『相棒』というドラマを例にとると、『相棒』を体験しているときは芸術体験をしていますよね。芸術体験をしているときの『相棒』を、私たちは自分のことのように体験しています。これがニーチェやシュタイナーの言っている瞬間の体験なのですね。相手と自分が一つになれるのです。テレビ・ドラマを見ているとき、見ている人が男でも女を体験できるし、女でも男を体験できます。芸術体験はすべて変身できるのです。

私の音楽体験を付け加えると、クラシック音楽が、喫茶店「クラシック」以来、自分の宗教のように大事でしたし、ドイツ滞在時にはバイロイトへ行き、バイロイトのワーグナー家とも仲良くなって、いつも席を用意してくれるようになったので、毎年、とくに、《トリスタンとイゾルデ》と《パルジファル》は見逃さないようにしていたのですけれども、日本に帰った七〇年代の初めの頃、あるときマイルス・デイビスの《ビッチェズ・ブリュー》を聴いたときに不思議な経験をしました。クラシックと縁が切れた、と思ったのです。変な言い方ですが、音楽の聴き方が変わった、と思いました。《ビッチェズ・ブリュー》の中の音楽的な空間というか、時間の流れの中に、何か未知の時間と空間を体験して、それと今縁ができた、と思ったのです。

不思議なことに、同じ音楽でもクラシックの時間・空間と、ジャズの時間・空間が微妙に違うのですね。同じ態度でクラシックを聴いたりジャズを聴いたりできなくて、ジャズを聴くときはジャズの時間・空間に入る、みたいな感じがありました。それで、コルトレーンやマイルスの世界にのめり込んで、間章さんのような方と親しくなったりして、音楽との関係が変わってしまいました。

でも、瞬間の体験としてはどんな音楽も同じです。やはり日常的だと持続なのですけれども、芸術だと瞬間に変わるのですね。その瞬間はいくらでも引き延ばせますけれども、一瞬一瞬に、敢えて言えば、自分の第一の自我を無にしないと出会えないような、何か不思議な美的な世界です。シュタイナーが、人智学というのは美的体験だと言ったのも、シュタイナーのいう霊的体験と、バタイユやニーチェの言っている一瞬の体験とが重なり合っているからではないか、と思っています。

ちょっと時間が延びてしまいましたけれども、以上で今日の話を終わりにいたします。どうもありがとうございました。

（二〇一五年一二月二七日）

3 魂のさすらい
シュタイナーの人生論

今回、柴田祥子さん（朝日カルチャーセンター立川の担当者）がすごく良いテーマを用意してくれました。「シュタイナーの人生論　魂のさすらい」というテーマです。たまたま私はここ数年、「さすらい」という言葉が気になっていました。自分の中での「さすらい」ということを考えていましたら、シュタイナーの思想は基本的に、さすらう思想なのだ、ということが何となく見えてきたので、今日はそういう問題をぜひお話しして、できたら皆さんとさすらいの道を歩くことの意味を考えたいと思っています。

ところが、そういうことを考えていたら、だんだん妙に自信がなくなってきました。一体どういう風に具体的に話ができるのだろう、と思って、だんだん自信がなくなってきたときに、つい最近なのですけれども、自分はものの形をはっきり見る能力が全く欠けている、と反省していた頃のことを思い出しました。二十代、三十代前半ぐらいまでの私は、全然自分に自信がなかったのです。どちらかというと、バカな奴だと自分のことを感じていました。でも、バカじゃないと旅に出る気持ちにはならないのかもしれません。そういう私の場合のバカさ加減についてちょっとお話して、それと旅とを結びつけてお話したいと思います。

「遙かな国、遠い昔」のなかで

私は旧制の最後の年に中学を出て、旧制の高等学校へ行くか、東京の私立大学へ行くか迷ったあげく、まだ戦争中だったので、地方に行ったらたぶんみんなと会えなくなると思って、東京に留まり、慶應義塾大学に入ったのです。最初は法学部でした。何故かというと、一番入りやすかったからです。ところが入ってみたら、自分でいくら考えても、法律を学ぶことにぜんぜん興味が持てませんでした。なぜかというと、自分のことがよく分からなくて、とても人間関係にまで気持ちが向かなかったからです。

次の年、新任の講師によるヨーロッパ政治史の講義に参加して、最初の日の話を真剣に聴き終わって廊下へ出て振り向いたら、その先生が立っていたのですけれども、「あれ、誰だろう」と思ったのです。今まで習っていた先生だということに気づかなかったのです。そのぐらいバカだったのですね。どこかで見たことがある人だ、という感じでした。

その頃から、自分はものの輪郭をしっかり見ていない、ということに気がついたのです。道を歩いていても、通りに並んでいるどのビルにしても、向こうから歩いてくる人にしても、その目鼻立ちのような輪郭をしっかり見届ける、ということができなくて、何か漠然と雰囲気を感じとって満足しているような感じだったのです。

それが「受肉」ということと関係があることに気がついたのは、三十代半ば過ぎてからです。要するに、私の魂は肉体にしっかり入り込んでいなかった、ということでしょうか。半分外に出たまま十代の後半を迎えたのだろうと思うのです。そのことに気がついたのが三十代後半だったものですから、二十代、三十代の前半は、何かすごく生きづらかったのですけれども、その生きづらさの理由がどこにあるのか、ということも分からなくて、それで自分を責めたり、それから、環境に適応する方法が分からずに、いつも自分の合言葉みたいに、「遙かな国、遠い昔」という言葉を、自分の心の中で繰り返していたのです。今のこの時点の現実というものに向き合っていなかったのだと思います。

ですから、あるとき、夜中に散歩に出かけていて気がついたのです。今と違って戦後の東京は空気が澄みきっていたので、綺麗に天の川が見えました。「星は一つひとつ美しく輝いているけれども、月はほかのものをより美しく輝かせるために現れている」と、何となく気がついて、すっかりそれが自分の中で大問題になっていたので、学校に行きまして、友人にそういうことを話したら、「今ごろそんなことを考えている奴がいたんだな」みたいに笑われたのを憶えています。

　何か輪郭よりも雰囲気のほうに惹かれるという感じがあったのですね。その二十数年後にシュタイナーを学ぶようになって、自分の問題は、いわゆる肉体とエーテル体の関係なのだ、ということを知り、それからシュタイナーを通して、この世を生きるということは悪戦苦闘するということだ、深淵、深い谷底に身を置くとき初めて霊的な問題と関わることができる、ということと、それから、どんな場合でも、徹底的にこの世の現実と向き合わない限り、霊的な世界とまともな関係は持てないということ、それがシュタイナーの思想の基本にあるものですから、半分肯定したり半分否定したりしている、何となく漠然としたものに惹かれる、という自分の曖昧な態度は、シュタイナーの思想にとっては一番いけないことだと、あらためて気づかされました。

　ともあれ人と向き合ったら、相手の表情の中にその人の心を読み取れなければ、ただ漠然と相手と向き合って、雰囲気だけ感じていたら、今の時代の人間関係は成り立たない、と感じました。私がシュタイナーから学んだ大事な点のひとつは、ものをはっきり見ろ、ということだったのです。

シュタイナーは、そのことをいろいろ言ってくれています。まず自分の家から駅まで歩いていく間に、どういう家がどういう家の隣に並んでいるか、ということがはっきりイメージできるようでないと、そもそも霊的な問題に関われない。商店街を通って駅に行くのでしたら、本屋の横は八百屋で、その八百屋の隣に郵便ポストがあって、そこから横丁が駅のほうに向かっているみたいなことが、無意識に頭の中に入っていないで、本屋の隣がどういう店だったのか、自分で考えても全然思い浮かばないようでは、そもそも霊的な問題と向き合えない、というのです。何かそういうところからシュタイナーの思想と向き合ったので、いかに自分はだめな奴か、思い知らされていました。

当時、私の理想は、中学・高校の先生になることだ、と思っていたのですけれども……。その頃は学生の数が極端に少なくて、大学院に行きますと、ときには先生一人と生徒一人という関係だったのです。教務課から、「あなたが単位を取ってくれないと、この先生は失業してしまいます」みたいに言われて、頼まれました。それである先生の授業をとると、先生と一対一で、まるで家庭教師みたいに学べました。学生の数も少なかったのですね。それで、大学院のときに臨時講師になりました。学生として大学に行くときと、講師として教えに行くときとがあったのです。

初めて講師になったときに、自分の人間関係がいい加減で、まるでできていないことに気がつきました。学生一人ひとりの表情が今日はどうか、みたいなことが分かっていなくてはだめですよね。漠然と向き合っていたら、人間関係なんてつくれるはずがありません。ですから三十代の終わりの頃、いかに自分がバカだったか、やっと気がついて、それからはこの地上に受肉することに自分の課題を切り替えて、ひたすら物質の世界の中で生きることに生きがいを感じるようになりました。普通だったら十代の後半の頃に気がつくようなことを、三十代の後半になって体験したのです。

美学科の学生だったときには、ドイツ・ロマン派に惹かれて、「運命と心情とは同じ意味をもつ二つの言葉である」という、ノヴァーリスの断章の言葉と出会いました。客観的な概念ではなく、自分の中の主観的な感情を生きることは自分の運命を生きることと同じだ、というロマン派の思想が深く心に残りました。ものとの向き合い方を、もう一度いちからやり直すという課題と、感情をどこまで深めていけるか、という課題を結びつけて考えていましたら、いろいろな問題がそこから出てきて、結局、運命と心情は同じ意味を持っている、だから、今の自分の心の感情の在り方は、自分の運命を決定している、という考え方の先に何があるのか。それを、シュタイナーを勉強する中で十年ぐらい考えて、それでやっと気がついたことがありました。

シュタイナーの思想を一般に「人智学」と言いますけれども、人智学は、普通の、例えばカントの認識論やヘーゲルの弁証法と同じように考えるのではなく、生き物みたいに存在させないと、生きてこない。抽象的な概念で把握しようとすると、シュタイナーの思想は死んだままになってしまう。しかし、すでに死んでしまっているシュタイナーの人智学という思想を、一人ひとりがそのつど自分で生き返らせる、その生き返らせるやり方が、本当の人智学だ、と思ったのです。シュタイナーがそういう風に教えてくれたのです。

つまり、概念と思考で組み立てられている人智学は、写真みたいなものだ、とシュタイナーが言っているのです。本当の人智学は、生き物なのだ。それを生き物にするのは、一人ひとりの問題だという立場なのですね。ですから言ってみれば、ドイツの人智学というのがあり得ることだし、同じ意味で、日本の人智学というものもあります。ドイツ人と日本人が、民族的に、言語においても違うように、ドイツ人にとっての人智学と、日本人にとっての人智学とは違ってもいいわけです。生きているか死んでいるかの問題ですので。だから、もっと限定すると、状況に応じて京都の人智学と立川の人智学とが違ってもいいことになります。

何故そう言えるのかというと、シュタイナーの思想は、状況をどう生きるかによって決定されるのです。京都という状況で生きている人は京都の人智学、立川の状況で生きている人は立川の人智学、ということになるわけですね。さらに言うと、一人ひとり生きている状況が違うわけですから、一人ひとり違う人智学を自分の中に生かさないと、それこそ人智学が生きてこないことになりますよね。だから、「人智学とはわたしのことだ」と言えないと、人智学にならないのです。

以前、佐藤優さんの本を続けて何冊か読んだときに、『私のマルクス』という本に出会いました。「私とマルクス」ではなくて、佐藤優さんにとってはマルクスも「私のマルクス」なのです。ちょうどわれわれの場合、「人智学」を「私の人智学」と言うのと同じ意味です。自分の中でマルクスが生きてくるというのが、「私のマルクス」ですよね。そういうことを言うと、私が愛読していたいろいろな作家も、やはり同じような立場で語っているので、改めてびっくりしました。

今年になってある友人から、内田康夫の小説は面白い、と言われて、『平城山を越えた女』を貸してもらって、読んでびっくりしました。内田康夫は、「浅見光彦」という三十二歳の文筆家で探偵の主人公が、いろいろな物語の中で中心の役割をしている、そういう推理小説の作家だ、とただ思っていたのですけれども、改めて読んでみたら、それだけではなくて、まさに

「さすらう」物語の作者なのです。暇があると日本中旅をして、あらゆる県、まず東北の青森、岩手から始めて、九州、沖縄までの、それぞれの県の文化的な成り立ちを語るのが主で、物語は、むしろそのための脇役的な役割をしている、そういう作家だということに気がついてびっくりしました。

それで、別の機会に『壺《こ》霊《れい》』という本を読みました。舞台は京都です。京都のいろいろな町を詳しく説明しながら、その町の状況の中で、浅見光彦という主人公が悪戦苦闘するストーリーなのです。それで、何々通りを左へ曲がると何々通りになって、という所がいっぱいあって、何が何だか分からないものですから、仕方がないので京都の地図を買ってきて、それを見ながら本で京都についての講義を受けたのです。何でその話をしたのかというと、「旅」ということに気がついたのがつい最近なものですから、そのことを申し上げたかったのです。

今日はあれこれ本を持ってきました。いつもはあまり本の紹介はまとめてしないのですけれども、今日は一回だけのチャンスなので。最近すごい、と思った本たちです。『壺霊』は文春文庫で、上下二冊になっています。これを読んで、自分で京都の旅をしなくてはいけない、と思ったのです。もちろん、その旅は、実際の旅ではなく、心の旅です。

小松和彦さんの『京都の魔界――重ね地図で読み解く』、小倉紀蔵さんの、この本が一番感動したのですけれども、『京都思想逍遥』、京都の町を思想でさまよう、さすらうのです。西川照子さんの『京都異界紀行』、「恐ろしい、ほんものの京都へようこそ」と帯に書いてあります。ちょっと回します。

魂のさすらい…。魂は、実際に出掛けなくても、小説を読んだり、絵を見たり、音楽を聴いたりしても「さすらい」ます。そのときに、その世界が自分の世界だと思えると、シュタイナーのいう「エーテル体験」になるのですね。つまり、生命がそこに流れていけるのです。私たちの生命は、肉体と違って輪郭がないので、どこへでも流れていけます。同じように、魂は、他の人の気持ちを自分の中に流し込むこともできます。その働きをシュタイナーは、「エーテル体」という不思議な言い方をしています。「エーテル」は、輪郭がありません。一種の空気のように、生命にも輪郭がないのです。輪郭はないのですけど、拡がっていって、他の人の生命と結びつくことができる、というのです。そして、その生命と生命が結びつく様子を、「さすらう」というのです。

私にとっても、二一世紀という、非常に住みにくくなっている現代を生きるときに、一番いい、何て言うのでしょうか、元気をつけるための栄養ドリンクみたいなものは、「心の旅」なのです。心の旅ですと、自分は男でも女になれるし、女でも男になれるし、一八世紀に生きようと思ったら一八世紀に生きられるし、古代のギリシアに生きようと思ったら、プラトンを読むとか、アリストテレスを読むことで、古代のギリシアに身を移すこともできます。それが心の旅です。私も京都の旅に出たくて、京都の本を読んでいたら、大きな癒しを受けた、という感じがあるのです。京都が、自分の中でひとつの世界になってくれた、という感じです。

どうやら、シュタイナーの思想は、そういうことをやるときの勇気づけになってくれる思想みたいなのです。試験で「シュタイナーの思想について書け」と言われて、何十行かにわたってまとめて書く、みたいなこととは全く違う、「どう生きるか」、という思想なのですね。

オ・ソンファ先生の導き

「どう生きるか」について、今自分の大切な本は、オ・ソンファ著『攘夷の韓国　開国の日本』（文春文庫）で、昔何度か読んでいたものです。

この本を読んでいると、涙が出てくるくらい、何かすごいのです。ちょっと読ませていただきます。冒頭からすごいです。

> 幼児体験とはおそろしいもので、私はまだ韓国で暮らしていた間、大きくなってからも、日の出を見ればすぐに日本が連想されて、彼方の地に淡い慕情のようなものを感じ続けていた。

私は韓国、済州島《チェジュド》の生まれである。

済州島はちょうどサツマイモを横に置いたような形をしていて、両端がほぼ東西線上にある。東端は岬になっていて、全体が島の中央にそびえる漢拏山《ハルラサン》の噴火によって流れ出た溶岩でできた四角い岩山である。この岩山は、「日出峰《ひのでみね》」と名付けられているが、私の故郷の村の浜辺から見ると、ちょうどそのすぐ右手の水平線から日の出の太陽が昇るのである。朝日が昇ると「日出峰」の岸壁がキラキラと輝き、かつてもいまも、済州島の中で最も美しい日の出の光景と言われている。

太陽が昇る直前、海がスーッと明るく輝き始める。と、真っ赤な頭の先がチラリと日出峰のすぐ右手の水平線に見えてくる。ぐんぐんと昇る動きがだんだんと半円形を大きくしていったかと思うのも束の間、すぐに円形の火の玉となって水平線を離れていく。その瞬間、私はいつもこの世に姿を現した赤ちゃんを思っていた。

この丘から見る日の出は、何らかの光の屈折の関係なのだろう、丸い太陽の下に台座のようなものが付いて見えるのである。日の出の太陽は、まるでこの台座から飛び出すように水平線を離れ、間もなく台座は海に沈むかのようにして見えなくなる。お母さんが赤ちゃんをこの世に送り出して、自分は海の底の世界へと戻っていく——小さい頃の私はそんな風に考えていた。

「あのお日さまはどこから来るのでしょうね」

「海の向こうは日本、お日さまは日本の方から来るの。そこにはあなたの伯父さんがいるのよ。ニホン、ウミ、フネ、サカナ、ワカメ、アワビ……」

母は若いころに行ったことのあるという日本の話をよくしてくれた。そんなとき母はいつも、歌でも口ずさむかのようにして、いくつかの日本語を並べた。それを私が繰り返して、いつしかそれは母と私との楽しい遊びになっていた。

母が、「パダ」と韓国語で言うと、私は「ウミ」と日本語で応じる。「ムルコギ」と言うと、「サカナ」と応じる、という具合に、掛け合い歌を交わしているようなリズミカルな応酬が続く。そうやって、母の口うつしで覚えた日本語の単語の数は、二〇個くらいだったと思う。

私は何かといえば、村の大人を相手に得意顔で知った単語を連発してみせた。

いつの間にか私は、「日本語が上手な子」と言われるようになり、村の人々が集まるようなときにはよく呼び出されて「日本語」をやらされたものだ。近くの海岸で度々行われた村のクッ（シャーマニズムの行事）などでは、行事が一段落すると巫女さんが私を呼んで、「日本語を言ってみなさい」と誘う。私は待ってましたとばかりに、歌うように日本語の単語を並べる。

「パダーウミ、ムルコギーサカナ、ペーフネ、チョンボクーアワビ……」

大勢の人が拍手を浴びせてくれる。巫女のおばさんは「かわいい子ね」とお菓子をくれる。御機嫌な日々であった。

「……」

ところが、小学校に入って教えられた「日本」は、韓国人を苦しめ続けた凶暴で卑しむべき鬼畜以外のなにものでもなかった。ああ、なんてことだろう。お得意の日本語、ほのかに寄せていた思い、なんて恥ずかしい私だったのか。お母さんたちは何も知らないお人よしなのに違いない——。

誰もがそうだったように、私もまた高学年になるにつれて反日意識を高めていった。

「日帝時代、韓国人に酷いことをした日本人は許せない」

「日本人は心が狭い、そんな日本には行きたくない」

だんだんそう思うようになっていた。

が、その一方で「やはり日本人だね、こんなにいい物を作るのは」と、中学校の家庭科の時間に日本製の縫い針を使いながら私たちが話す。

「日本製のチャックを使っていますよ」と、カバン屋のお姉さんが客を誘う。

「日本製のハサミをどこかで手に入れられませんか」と主婦たちが声をかけあっている。

鬼畜イメージの一方に、心をこめていい物を作る良心的な人びとのイメージ。重ならない二つのイメージが、日本への複雑な関心を醸成する。

　こういうところから始まりまして、それで、彼女はさまようのですね。韓国をさまよって、とうとう日本へ来るのです。日本に来てからの彼女はすごくて、実は私は、七〇年代に日本人智学協会というのをつくろう、と何かそういう気持ちになって、協会をつくって何をしたかというと、まずやるべきことは、韓国との関係を深めることだと思って、延世大学という所にある語学堂に通ってみたり、韓国を旅行してみたり、日本では何人かの友人と韓国語を習ったりしたのですけれども、そのときの韓国語の先生が、これを書いたオ・ソンファ先生でした。彼女は、新宿の歌舞伎町の奥のほうに住んでおられたので、歌舞伎町の教室で韓国語を習ったときの先生です。もう少し読んでみます。

　幼いころ、ほのかな憧れを抱き続けてきた日本、海の彼方の神の国、日本。それが、ほんとうは鬼畜の国、憎しみの国だったと、そう思い続けた長い青春時代。以後、変転を経て日本に渡り、住み着き、いまでは日本を第二の故郷のように感じている。

「日本」と出会い、「日本」と別れ、再び「日本」と出会った。およそ二〇年にわたる紆余曲折があった。日韓の間をさすらう「さすらい人」といえば、まさしくピッタリだと思われた。

その詳しい経緯は他の本に書いたので省略するが「他の本というのは、『スカートの風』という本です。これも文春文庫に三冊か四冊になって出ています」、私に限らず日本に長期滞在する韓国人の多くは、一種共通する意識のプロセスを体験している。

日本に来て一年くらいの間は、「人がみな親切だ。治安が安定している、街がきれい」などといい評価をする人が多い。それが二年、三年となると、日本ってちょっと変わっている、おかしいんじゃないか、こういうのは許せない、ああ嫌だ……という感じがだんだん強くなっていって、ノイローゼに陥る人も出てくる。そこをなんとか乗り越えて、五年、一〇年と生活していくと、だいたいは日本のよさがわかって好きになっていく人が多い。

私もほぼそうした体験をしてきたのだが、私の場合は来日してから数年の間、日韓という異文化の狭間に落ち込んでしまったところが、もしかすると特異であるかもしれない。自分自身の内部で日韓が激しくぶつかり合う日々の中で、文化的なアイデンティティを見失い、自分が何者であるのかがわからなくなってしまったのである。

今の私は、その狭間から這い上がってようやく地上に顔を出し、日韓両地に手をかけて踏ん張り、なんとか自分の態勢を立て直そうとしている、と言えばふさわしいだろうか。

その意味では、私は依然として日本に対する距離感をつかみかねていると言える。そのため、自分自身のアイデンティティは実に心もとない。

そういうところから始まり、まず自分の心の中の整理をするために、古代から、ずっと日本の文化を追っていくのです。そういう心の経過には四つのプロセスがあることに気がついた、というところも読ませていただきます。

①［第一が、外国から日本に］渡来——故郷を離れて日本に渡り最初に出会った日本の土地と人の印象が原イメージとして残る。

②さすらい——いまだ宙に浮いたままの足が落ち着き先を求めて彷徨《さまよ》い、一定の定住を果たすまでの、あてどのなさ。

③日本化——地域で生活する中でしだいに日本的な感覚や考え方が身についていく段階での、「自分は何人か」というアイデンティティへの問い。

④土着——地域の人々と共通の意識をもって、いわば溶けこむようにして生きていられる状態での、渡来人意識の消失と先祖の記憶。

「さすら姫」との出会い

こういう四点を挙げて、それで彼女は、内田康夫さんと同じように日本中を旅します。日本中を旅しながら、自分は日本とどこまで深く結びついていくかということを自分で試しているのです。そうすると、すごいことに出会うのです。それが「さすら姫」です。日本に「さすら姫」という神様がいます。その「さすら姫」との出会いがすごく切実に書いてあるので、そこも読ませていただきます。

さすらいの女神・サスラヒメ［という小見出しがついた箇所です］。

話は少しさかのぼるが、そもそも、日本古代史への私なりのとっかかりが得られたのは、日本語の「さすらい」に、それまで思いもしなかった意味が含まれていることを知ったからだった。それは、サスラヒメという名の女神を知ったことにはじまる。

渡来人がたどる四つの段階の二番目が「さすらい」だが、このあてどのなさに、渡来人の心のあり方が象徴されているとも言える。

ここで彼女は気がつくのですけれども、どんな人もみんな渡来人なのですね。渡来人であると自分の居場所が分からないので、さすらわざるを得なくなるのです。ところが日本に、さすらうことを象徴する神様がいることに着目します。女神ですね。この人はたしか、もう日本人に国籍を変えたと思うので、土着の、四番目のレヴェルに達していると思うのですけれども。今は、どこかの大学の先生をしていらっしゃいます。

今日は、この「さすら姫」を私たち皆で共有したいと思っていたので、話に手間がかかってしまいました。私たちの神話、神道文化の中に「さすら姫」がいるということを、まず知っていただきたかったのです。彼女は日本人にいろいろ聞くけど、「さすら姫」のことを知っている日本人がいないのでびっくりした、と言っています。

先に記したように渡来人の問題とは基本的に「さすらい人」という人間のあり方の問題ではないかと思う。

日本の宮中では古代から、六月と十二月の晦日《みそか》に、この世の人々が犯したさまざまな罪を祓《はら》う「大祓神事《おおはらえのしんじ》」という祭事が行われてきたという。その際に「大祓祝詞《おおはらえののりと》」という祈りの言葉が読み上げられると聞いて興味をもち、古語に長じた日本人の知り合いに頼んで現代語に訳してもらったことがある。

古事記、日本書紀には、さすら姫のことが出てこないのですね。大祓祝詞の中だけに入っているので、現代語に訳してもらったと言います。

いろいろと解説を受けても理解が難しく、よくわからないところが多いのだが、祝詞の後半部分には大きな興味をひかれた。そこでは、この世の罪が神々によってあの世へと送られるのだが、最後に「さすら姫」という女神が登場するのである。私はこの「さすら姫」という女神に深い関心をもった。［それで、現代日本語訳です］

……もはや残る罪があってはならないと、
祓い清めをなさるにつれて、
高い山や低い山から落ち下る急流の瀬にいる瀬織《せおり》つ姫という神よ［ここから訴える事柄があるのですね］
（それらの罪を）大海原へと持ち出して下さい。
こうして持ち出したら、
荒々しい潮の流れがたくさん寄り集まる所にいる速開《はやあき》つ姫という神が、

（それらの罪を）がぶがぶと呑み込んでしまうでしょう。
こうして呑み込んだら、
強風の吹く所にいる気吹戸主《いぶきどぬし》という神が、
（それらの罪を）根の国・底の国へと吹き放ってしまうでしょう。
こうして吹き放ったら、
根の国・底の国にいる速《はや》さすら姫という神が、
（それらの罪を）持ってさすらい失くしてしまうでしょう。
……

人々の犯した罪は、山から川へ、川から海へと神々の手を通して送られ、最後に速さすら姫が、その罪を一身に引き受けさすらうことで失われていくという。「速」はその動く様子に冠される美称で「さすら姫」が名、「さすらひ姫」の略だとされる。

［……］

私が故郷の済州島から陸地（済州島では韓半島のことをこう呼ぶ）へ、そして日本へと渡り来たことが、自らの目的意識によるものと言い切ることができず、振り返ってみればみるほど、あてどのないさすらい、流浪、漂泊の旅と言うのがふさわしいと思えるからである。私自身にさすらい失くしたい「罪」と言えるほどのものがあったわけではない。が、若くして故郷を離れたまま、年老いた両親になんらの親孝行もしてきていないということが、私にはずっと「罪」の意識としてあり続けている。やや大げさに言えば、私は故郷を捨てた罪人、といった気持ちがある。

もうひとつは、かつて私が私設の小さな教室で日本語を教えていた韓国人ホステスたちのことだった。

韓国から日本へと流れ、新宿・赤坂・上野などの韓国クラブで働く彼女たち。当時聞かされた彼女たちの人生体験を思い起こせば、いやがうえにも、さすらいの女神のイメージが浮かぶ。彼女たちの多くが心に深い傷を持ち抱え、倫理的な罪の意識から逃れるようにして日本へ来ていた。あたかも、男たちの罪を一身に引き受けているかのように。

私は私なりにさすらい、彼女たちは彼女たちなりにさすらった。それだけのことでよいはずだった。が、私はさすらいを自然力（神業）の働きによるものとみなす信仰、そしてこの世からあの世へとさすらうことによって罪が失われるという信仰は、何か捨てがたいものに思われた。

この信仰のあるところでは、原住者にとっては、外来の異邦人（さすらい人）はこの世の罪を祓い清めてこの世を新たに再生してくれる神威の体現者となる。そして、やって来た異邦人（さすらい人）にとっては、この信仰があるところでは「別天地で新たに生まれ変わること」への希望をもたらしてくれるはずだ。

こういう風にして、神話を通して彼女の心が日本的になっていくのですが、私たちも、これと全く同じことをそれぞれがやっているのではないでしょうか。オ・ソンファさんにとっての日本にあたるものが、私たちにとってもいろいろあります。例えば、ピアノであったり、小説を書くことであったり、友達と一緒にグループを作ったり、いろいろな在りようがあると思いますけれども。そういう、あてどもないさすらいの中で、思いがけなく罪が消されていく、というのですよね。ここの場合の罪は、「後悔」です。あのとき、こうすればよかった、ああすればよかった、そういう思いが自分の心を傷つけていたりしているときに、さすら姫が、それを全部救いとってくれる、というのです。

私の個人的な体験で、もう一つとても大事なことがあります。それは、『さすら』という雑誌と出会ったことです。私が初めて、さんざん苦労しながら『神智学』を訳して出版してもらったときに――イザラ書房で出してもらったのですけれども――、二〇冊買ってくれて、それを神道の代表的な方々に贈ってくれた方がおられました。その方、金井南龍先生が連絡してくれて、一度会わないか、と言われたものですから、お会いしたら、自分たちは「さすらの会」という会をやっているので、そこで『神智学』の講義をしてくれ、と言われました。もう十年位前に金井南龍先生は亡くなられて、成瀬さんという女性の秘書をされていた方が後を受けて、今でも『さすら』という雑誌は出ていると思います。その頃に、「何でさすらなのですか？」と聞けばよかったのですけれども、先程言ったように、私というのはどこかボンヤリしていて、関係を輪郭づけてはっきりさせることができなくて、ぼやけた輪郭で満足してしまうものですから。それで言われたまま、週一回ずつだったか、「さすらの会」で、シュタイナーの話をさせていただいたことがあるのです。

　金井南龍先生は、すごい方でした。ご自分は、白山系の神道を信じているというのですが、白山系の主な神様は「さすら姫」ではなくて、「くくり姫」なのです。くくり姫、「菊理姫」は、結びの神様です。結びつかないようなものを結びつける神様です。神道にはすごい神様がいます。このくくり姫を信仰している金井先生なのに、自分の雑誌は『さすら』なのですね。だから聞いておけばよかったと後悔しています。私は「さすら」という言葉をはじめて、金井先生から聞いて知ったのです。

　でも、その「さすら」という言葉で、オ・ソンファさんは最後の違和感が消えて、完全に日本を自分の土着の土地にするようになった、というのはすごいですよね。日本中を旅しながら、神道系の神をひとつひとつ体験していったのです。

キム・ジハさんのこと

続いて見ていただきたい本は『東学史——朝鮮民衆運動の記録』です。キリスト教＝西学に対する東学です。これを何で持ってきたのかというと、韓国の人と話をするときに、先程のオ・ソンファさんが学生のころにさんざん悩まされたように、近代の日本と韓国との関係のネガティヴな側面だけが浮き彫りになっていますけれども、そうではない側面があるということをぜひ知っておいていただきたいからです。

韓国人に「東学」の話をすると、それだけでびっくりされて仲が良くなるくらい、これは韓国人と日本人の縁をつける本だ、と思って下さい。ともかくすごいのです。皆さんにお配りしたのは、この『東学史』のコピーですので、よかったらあとで読んでおいて下さい。ほとんどシュタイナーと同じことが書いてあります。韓国の人智学です。例えば、自分と他者との関係は、自分だから他者なのだ、他者だから自分なのだ、と言います。基本的な人間関係が人智学です。ものと自分との関係も、シュタイナーは、徹底的にものと向き合うと、肉体の感覚で向き合うだけではなくて、エーテル体の感覚でものと向き合うことができる、というのですね。

例えば、ここにグラスがあります。このグラスは肉眼で見るとガラスのコップです。でもエーテル体で見ると、いまここで在ろうとして、存在しようとして、一生懸命存在している。このガラスのコップのその生命が感じられる、とシュタイナーは言うのです。どんなものも必ず存在しようとしているのだから、どんなものを見ても自分との縁をつけないと、人智学という学問はそもそも何も始まらない、というのです。ものとの縁をつけるつけ方ですよね。これが東学党の運動にはっきり出ているのです。

以前、韓国に行って、金芝河（キム・ジハ）さんという詩人と親しくなったときに「東学」の話をしたら、キム・ジハさんが何かびっくりされて、自分も東学に非常に関心があるのだ、今、東学党は「天道教」という名前に変わっていて、天道教は、ソウルの有名な繁華街のすぐそばに本部があるので行ってみないか、と言われて、天道教の本部に行ったりしたことがあるのです。それで韓国から別れるときに、キム・ジハさんに、「日本に帰ることになって、日本でやるべきことは何かあるでしょうか」と聞いたら、キム・ジハさんは、「どうぞ、東学のことを日本に紹介してください」と言われたのです。キム・ジハさんは、「ハンサルリム」という市民運動を始め、その「ハンサルリム宣言」を私は日本語訳したことがあります。今はあまり表へ出られないようですけれども……。

以前、彼は、自分は監獄に入ってあまりに酷い仕打ちを受けたので、もう死ぬしかないと思って、自殺しようと思っていたら、狭い、その監獄部屋の小さな窓にほこりが溜まって、そこから何か小さな草が生えてきたのを見たそうです。草でさえ、こんな状況の中で一生懸命生きようとしているのに、人間のくせにお前はこんなことで死のうと思うのか、と自分のことを反省して、死なないで生き続けて自由な身になった、という話をしてくれたことがあります。

　悪戦苦闘して奈落の底に身を落とさないと、霊学はそもそも身につかない、とシュタイナーがいつも言っているのは、そういうことですよね。実は、日本が韓国を占領する時代の前から、韓国人がどのくらい悩んでいたか、日本が朝鮮を植民地化する前に、どのくらい韓国人が苦しんでいたのか、という状況の中で、その状況を乗り越える思想として「東学」という思想があったのです。シュタイナーの言う通り、悪戦苦闘と奈落の底からはじめて出てくる思想なのです。

　私たちの場合でも、自分自身のことを百パーセント肯定して生きている人はいないと思うのですけれども、自分の過去を恨んだり、自分のやっていることに自分で納得できなかったり、そういうネガティヴな気持ちになるときにシュタイナーは、「よかったですねぇ」と言うのです。「あなたはそれで、霊的な問題と出会う道がついたのだ」、そういう風に教えるのです。決して、幸せな身分だったらシュタイナーの思想とは出会えない、とシュタイナーは感じているので、ともかく、どうしていいか分からない、という現実と向き合うことが、シュタイナーの思想と出会う条件なのですね。

内面への旅、魂のさすらい

続けて見ていただきたいのは、筑摩書房から出ている「シュタイナー・コレクション」の二巻目、『内面への旅』です。この『内面への旅』の一番重要な講義は、第一部「感覚の世界から霊の世界へ」です。ハノーファーで、一九一一年の一二月二七日から一月一日まで、年末年始の特別のときに特別の講義をしてくれたものです。感覚の世界、物質の世界から、霊の世界への道を書いてくれた講義で、今日のテーマの「魂のさすらい」についての、シュタイナーのメッセージが含まれています。

今日お話しようと思って用意してきたことが全然しゃべれなくて、他の話ばかりしてしまったという感じですが、「魂のさすらい」については、先程のオ・ソンファさんが一から四までの「さすらい」のプロセスについて書いてくれていましたように、私の場合のプロセスは一から七までにまとめてあります。以前、どこかでお話したことがありましたけれども、これを「心の旅がらす」（本書、４／神秘学の現在、一二二頁以降）と名づけています。一から七まである「心の旅」です。

一は、自分と親しくなる。二は、親しい何かと親しくなる。三は、親しくない何かと親しくなる。四は、縁のないところに縁をつける。五は、自分のためよりも、人のために。これは、「内から外を見る」だけではなく、「外から内を見る」ためです。六は、まず、芸術の中で。七は、日常の中で、です。

何で「旅がらす」なのかというと、カラスは、怖くなるとすぐ巣に戻ってくるから、です。いつでも元に戻れる「からす」です。

もうひとつお話したいのは、心の旅をする動機というか、衝動、エーテル体験の道です。これも七つです。

一は、概念化しないで表象します。自分の心の中に生かすのです。シュタイナーは、心の中にイメージを作ることに集中するのを、「瞑想」と呼んでいますけれども、瞑想も一種の表象です。例えば、目を閉じて、自分の心の中に、真っ黒な十字架と、それを取り巻いて真っ赤に輝いている七つのバラをイメージするというのは、『神秘学概論』に出てくるシュタイナーの瞑想法ですし、「光の海」を表象する瞑想法もシュタイナーは語っています。眼を閉じて、自分の周りが光に包まれます。光に包まれて、自分がそこを漂っているイメージです。そのとき急に暖かくなったり、冷えたり、輝いたり、暗くなったりする「光の海」の中に身を置く、というイメージも、シュタイナーにとっての基本的な瞑想法です。

もっと簡単な場合は、例えば、茶碗を目の前において、一分間くらいじーっと見ています。そのとき、ただ眼で見るのではなく、その茶碗が一生懸命存在しようとしてそこに存在している、というイメージでじーっと見たあと、目をつぶって、何分間か自分の心の中にそのコップを表象するのです。その表象が自分の中のエーテル体に働きかけて、エーテル体を動かすのです。このプロセスの七つの流れです。ですから、一は、概念化しないでイメージする。

二は、どんな嫌な経験も、自分の問題として対象化する。これは朝から晩までではなくて、一日五分間です。一日五分間、自分のエーテル体を刺激する、エーテル体験への道です。どんな経験も自分の問題として実感する。シュタイナーはこの実感のことを「状況瞑想」と呼んでいます。自分の身に起こった状況を対象化する瞑想です。先程言いましたように、自分でなければ生きられない状況の中に、いま私たちは一人ひとりがいるわけです。だからいま身を置いている状況、自分だけの状況を、どんな状況でも、一回限りの状況として対象化するのです。

三は、外の何かを、自分の既存の概念で判断できるとは思わない。何かを自分の既存の概念で、つまり自分の頭で判断できるとは思わない。判断して納得してしまったら、それで縁が切れるからなのです。「外の何か」を「概念で判断する」とは、家がある、並木道がある、イチョウ並木だ、と思って納得することです。ですから、外の何かを自分の既存の概念で判断できるとは思わない。それだけだと縁が切れるからです。

お母さんが大事に使っていたコップだったら、普通のコップではなくなります。でも、ここに今存在している何かは、お母さんが使ったコップと同じように、一回限りの貴重な存在ですよね。だからコップといま貴重な出会いをしていると思うと、コップが生きてきます。貴重な出会いだと思えるのを「エーテル体験」というのです。

四は、判断しないで帰依すると、外と内がひとつになる。判断してしまうと、外と内が別々になります。内が外を判断するのではなく、帰依すると、外と内がひとつに結ばれます。先程回していただいた『内面への旅』の第二章、第三章は、「帰依」について書いてあります。ずいぶん丁寧に、「帰依する」ことと、ただ思考して判断することと、何がどう違うのか、という問題です。

五は、その意味で生命にとっては、「帰依する」ことだけが判断力として有効である。判断するときは、帰依することがなければ、判断しても意味がないというのです。

六、エーテル体験は――表象体験は――、個人の自立と自由のためにあるのではなく、結びつき、つながり、調和し、融合するためにある。自分の自立と自由のためにエーテル体が働くのではなくて、エーテル体は結びつく、つながる、調和する、融合するためにある。

これは、東学の基本的な思想でもありますし、日本の神道の「くくり姫」と「さすら姫」の基本的な在りようにも通じます。

最後の七。それ故、霊的な存在たち、神々、あるいは如来、キリストはこの世のエーテル界で働く。エーテル界に身を置かなければ神々との出会いはない。これが最後です。

これも旅ですし、道ですので、始まりはあっても、終わりはありません。いつでもプロセスです。だからカラスと同じように、何かがあったら、サッと帰れます。

（二〇一九年一一月二日）

以上で話の時間は終わりました。あと十五分残っているので、皆さんと話し合いができたらありがたいと思います。

4 神秘学の現在

ミカエルの時代

今年はまとめようがないくらい、いろんな問題が私の中に入ってきました。それらをある程度整理してお話できたらと思っています。基本的には、「ミカエル文化」についての話になると思っています。

はじめに、ちょうど今から百年前の一九一三年のことに触れておきたいのですが、次の年の七月末に第一次世界大戦が始まり、そして戦争の破壊は一九一八年の十一月まで続きます。この一三年から一九年までの間のシュタイナーの活動には、何か信じられないくらい、時代状況への集中した関与を感じさせられます。その破壊的な時代状況を、第一次大戦を挟んだ時代の苦悩を自分の問題として引き受けて、その苦しむ共同体の一員としての意識で、ひたすら時代の課題を積極的に語り続けているのです。一九一三年八月に出ました『霊界の境域』という百ページほどのエッセーから始まり、一九一九年秋の『ミカエルの使命』という連続講演にいたる間、その間のシュタイナーはひたすら、時代の苦悩を共にしながら、なんとか力づけの言葉を自分で見出しては語り続けたのです。

その約六年間のシュタイナーのメッセージが、ちょうど百年後のわれわれにも生なましく響いてきます。まるで二一世紀の二〇一三年末の現在と、もうすぐ来る一四年の未来に向けて、シュタイナーが大事なメッセージを語ってくれているように読めるのです。今日お話ししたいのは、その時代のシュタイナーのメッセージの大事な部分についてなのですが、さらにその百年後に生きている私たちの意識との関連についてもお話できたらと思っています。

思考とは何か

まずここで取り上げておきたいのは、「こじらせる」という言葉です。風邪をこじらせるの「こじらせる」ですけれど、今問題にしたいのは、自分をこじらせるこじらせ方と、周りの人をこじらせるこじらせ方の両方です。「こじらせる」という言葉を見つけたのは、ひと月ぐらい前の『週刊朝日』の記事でした。そこに「こじらせ女子」みたいなタイトルの記事が載っていたのです。でも、読んでみたら、別に女子に限らず、男子でも、つまり現代人だったら誰でも、社会と関わろうとするたびに、どこかで自分をこじらせ、周りをこじらせている状況がごく普通に生じていると思ったのです。シュタイナーはそういう日常の状況について、こんな言い方をしていました。

一九一三年の『霊界の境域』の言葉なのですけれど、われわれはみんな、世の移り変わりの中で、それぞれ願望を持ち、感情を働かせ、何かを意志して生きている。でも、その自分の個人的な願望や感情や意志の働きが、いくら努力しても自分の問題ではあっても、社会の問題にまで拡がっていかない。今はそういう特殊な時代なのだ、というのです。

私も始終、自分で自分をこじらせています。ベーシックインカムを考えても、シュタイナーの認識論を考えても、それがどの程度、現在の日本の社会に意味を持ちうるのかみたいなことをしょっちゅう考えてしまいます。自分に対しても社会に対しても、どこかでネガティヴな感情が湧いてきます。どこかで虚しさがつきまとうような状況の中で、シュタイナーの思想とか、そもそも神秘学を学ぶということにどんな意味があるのか、ということなのですが、これからお話したいのは、そういう「こじらせ」に対するシュタイナーの激励の言葉なのです。

シュタイナーの言葉をそのままずお伝えしてみますと、そういうときにふさわしいマントラがある、というのです。「私は思考する、そして時代の流れとひとつになる私を感じる」というマントラです。私は思考する、ゆえに私は存在する、というデカルトの言葉に似ていますね。

このマントラを自分の中に生かすことで、シュタイナーが何を求めているのかといいますと、こういう時代になると、みんなどこかで自分の思考力に対して自信が持てなくなってしまう。ネガティヴになってしまう。第一、情報量が少ないし、その情報だけでは今の時代を正確に認識できるとは思えない。たとえ認識できたとしても、そのことにどういう意味があるのか。そういう「こじらせ」の方向につい行ってしまいがちになりますよね。そういうときのために、シュタイナーは凄いことを言うのです。ものを考えるということは、実は見られているということなのだ、と。今の社会を生きるとき、なかなか自分が見られている、とは思えません。けれども、自分が何らかの共同体に属していると思えるのは、自分が見られている、と思えたときです。互いに相手を見たり、相手から見られたりしている関係が成り立っていることが、共同体に属していることの証しなのです。互いに分かってあげたり、分かってもらったりし合う関係とも言えます。

思考を働かせることは見られていることなのだから、どんな思考を働かせるときも、すでに共同体の中の作業であって、孤独な、孤立した心の動きに留まってはいない、というのです。そのことを『霊界の境域』という本は、ひたすら述べてくれています。「私は考える、だから私はある」のは、どこか孤独ですけれども、私は考える、そのときの私は、時代の流れとひとつになっている自分を実感することができる、というのです。

　そういうことを言った後で、この本はあらためて思考とは何かについて詳しく語ってくれています。思考とは何かを考えるとき、私は、村上春樹の『ダンス・ダンス・ダンス』から学んだことをよく思い出します。自分のからだがいろいろあるという立場で、ものを考えようというのです。いつもなら、私の肉体だけが私のからだです。ついこの前も、よく切れる包丁を持って何気なく見ていましたら、指にポンと当たったのです。特に気にとめずに放っておいたら、一センチぐらい皮膚が切れていたらしく、一週間ぐらい経って、顔を洗っていたときに、突然その指がひどく痛んだので、包丁に触ったことを思い出しました。その痛みを感じたときに、ちょっと感動しました。私のからだはとても敏感な皮膚で包まれている、とあらためて思ったのです。私が私であることを保証してくれる皮膚が、からだを包んでくれている。ちょっとでも外から刺激があると、敏感に、気をつけろとサインを送ってくれている。何か凄い、と思ったのです。つまらない例で申し訳ありません。

　でも、そのときに、シュタイナーの『神秘学概論』の序論に出てくることも思い出しました。今の時代はどうしても、ものを自然科学的な因果論で考えてしまう。けれども、どう考えても因果論では説明のつかないような見えない働きがある。それを学問として論じる可能性を示すためにこの本を書いた、というようなことを述べているのですが、そのことも思い出しました。自分の指の小さな切り傷を感じたことで、自分のからだも物理的、自然科学的な論理では説明のつかないような、それとは何かぜんぜん別な思いが自分のからだを創り出してくれているのではないか、と思ったのです。自然科学的な、あるいは唯物論的な論理では、自分のからだに超敏感な皮膚があることは説明がつかない、指の小さな切り傷がキリキリ痛むはずはない、その背後にはぜんぜん別な、目に見えない意図があって、今自分がここに生きていることを感じさせてくれているのではないか、そんな感じを味わったのです。

シュタイナーが思考すると言うときは、たぶんその思考は、目に見えない何かの思い、意図、意志のようなものに通じるための思考であって、目に見える物質の因果関係を論じる科学的な思考のことを言っているのではなさそうなのです。それでさっきの話に戻りますと、何か特別な計らいによって与えられているからだを私たちはそれぞれ持っています。でも同時に、社会という第二のからだもみんなに与えられているのです。だからシュタイナーが言うように、社会は社会有機体であり、社会というからだなのです。『ダンス・ダンス・ダンス』で村上春樹さんが言っているように、複数の人たちが共有するからだとして社会があるのです。社会というからだは、ひとりの人間だけのためのからだなのではなく、みんなが一緒になってそこに受肉することのできるからだなのです。

おそらく人類も、一人ひとりにとっての、かけがえのないからだなのではないでしょうか。私たちは人類というからだにも住んでいますし、地球有機体、地球生命体にも私たちは住んでいます。だから、地球もからだです。私たちは、からだを少なくとも四つ持っています。自分の肉体と社会のからだと、人類のからだと、地球のからだです。

そのそれぞれのからだの中にいるとき、いつも私たちは同じ思考をしているのでしょうか。あるいは社会に受肉しているときの私は別の、社会的な思考をしていて、人類に受肉している私は別の、人類的な思考をしているのでしょうか。どうもそうじゃなくて、どこに受肉していても、いつも同じ思考をしているらしいのです。だからシュタイナーは、「私は思考する、そして時代の流れとひとつになる私を感じる」と言ったのだと思います。このマントラでは、時代という言葉で社会も人類も地球も含めているのです。どんなときにも、思考する限り、あなたは個人の肉体の中でも思考し、社会有機体のからだでも思考し、人類というからだでも思考している。ただ、同じ思考でも、意識の向き合い方が違う、と言いたいのですね。人類のからだで思考しているときの私たちの意識の在り方について、シュタイナーは具体的に説明してくれているので、そこの部分をここで紹介させていただきます。

人類というからだの現在

人類というからだに住んでいるときの、つまり人類に受肉しているときの私たちについてなのですが、シュタイナーが言うには、そのときの私たちは、自分のからだが人類と共に進化しつつあることを意識していなければいけない、というのです。人類のからだは進化している。その進化を意識して具体的に考えると、西暦四世紀から一六世紀までの一二〇〇年の間に、私たち人類は決定的に変化をした。それが一番よく分かるのは、必然と自由について考えるときだ、というのです。自然必然性と人間の自由との関係です。もちろん個人としての私は、自由にものを考えていると思っています。けれどもその一方で、自然は必然的な法則に従っている、と思っています。自然の中で生きている人間が生まれて死ぬことも必然なのですから、いくら自分が自由だと思っていても、自由に寿命を延ばしたり、縮めたりするわけにはいきません。必然の中で生かされています。一方に自然必然性があり、一方に自由があるとき、その必然と自由との関係が、人類においては、西暦四世紀から一六世紀の間に大きく変わった。それを踏まえて、あなたの人類というからだのことを考えなさい、というのです。

この変化と共に、神のイメージも変化しました。よく全知全能の神と言いますが、シュタイナーによれば、紀元四世紀までの神は、ひたすら全知の神だったのです。神は全能だ、と思うようになったのは、四世紀以降であり、自然必然性と結びついたイメージによるのだというのです。そういうときのシュタイナーの神概念は、もちろんキリスト教的な意味を踏まえていますが、そのキリスト教の神は、四世紀までは、全知の神でした。人格を前提にしている「全知」以外に、神の存在をイメージすることは、古代人にとってはありえませんでした。しかし四世紀になると、状況が大きく変わります。四世紀は、ローマ帝国のコンスタンティヌス大帝の時代です。その四世紀の頃からキリスト教はローマ帝国の国教になりましたが、それと共に、神が政治にも介入する権力者になっていく、というのです。そうすると最高の権力者としての神は全能の神になります。キリスト教の信仰の対象が全知の神から全能の神に移っていく中で、人類の同じ権力意識が自然科学を育てた、というのです。ヨーロッパの自然観において、自然が全能なる自然になったというのです。

　それから千年が経過し、一四世紀、一五世紀、一六世紀に、例えば、ガリレオやジョルダーノ・ブルーノのような思想家が自然を研究するにつれて、自然のいとなみは必然的だ、自然は人格を持っているわけではないから、自由にふるまうのではない。自然がやっていることはすべて自然法則に適っている。言い換えると、自然はどうしようもなく必然的な仕方で推移する。その必然性は神の全能と対応している、とヨーロッパ人は考えるようになりました。いわゆる「二重真理説」、宗教上の真理と科学上の真理は対応しているのです。そして一六世紀、一七世紀から二〇世紀にいたるまで、その思いがどんどん強くなり、それに従って、人間の思考の力がどんどん受け身になっていきます。

　ある現実が眼の前にあります。自然という現実でも、社会という現実でもいいのですけれど、現実が眼の前にあるとします。その現実に対して、個人は受け身でしか向き合えません。人類も社会も地球も、必然だ、と個人に向かって叫んでいます。その必然だ！　という叫びに対して、私たちは、個人として、もろくて弱い存在なので、ひたすらそれを受け入れるしかないのです。そして受け入れることが認識することなのだ、と知的に判断するのです。要するに、適応するということが認識するということになるのです。そして適応のテクニックが思考になります。技術と産業資本主義がどんなに地球を破壊しようと、その事実に変わりはありません。全能なる神に対しても、どうぞ受験が合格しますように、とひたすら受け身でお願いするしかありません。現代になると、その全能なる神の代わりに、全能なる技術と産業とお金を信仰するようになりました。そういう人類の中に、あなたは受肉している。この現実の全能ぶりに向き合って、あなたはどんなにものを考えても無力な自分でしかない、いくら何を考えても虚しい。それが人類というからだの現在だというのです。

このことを踏まえて、シュタイナーは神秘学を始める前に、『自由の哲学』を書きました。その必然の世界の中で自由に生きることの意味について、画期的な本を書いたのです。シュタイナーは自分の本がすべてなくなってしまっても、最後に『自由の哲学』だけは残るだろうと言ったことがあるくらい、いのちを懸けて書いた本だと思いますが、全能である神の支配する自然必然性の世界の中で、自由とは何かを論じた本なので、その論じ方自体が潔いというか、捨て身のすごさを感じさせます。

とはいえ、『自由の哲学』もたいして評判を取らないで、読まれずに百年以上が経ちました。その後のシュタイナーは神秘学の研究に集中して、人間の内面世界の霊的な意味を、神智学協会のドイツ支部を代表する立場から論じましたが、ヨーロッパの状況が破滅的なほうへ向かっていったときに、人類というからだに受肉したルドルフ・シュタイナーが、ルドルフ・シュタイナーという個人ではなく、人類有機体、社会有機体の中に自分を置いて、人類のための新しい思想を展開しようとしました。

エーテル的思考の意味

一九一九年から亡くなるまでのシュタイナーは、ひたすら社会有機体の思想を語り続け、社会運動に集中しました。ご承知のように、社会を精神生活と法生活と経済生活の三つに分けて、精神生活を神経・感覚系、法生活を呼吸・循環系、経済生活を代謝・運動系に対応させて、社会も人間のからだと同じように、生命体として三つに分節化されていると論じました。そして精神生活における自由、法生活における平等、経済生活における友愛という三つの原理を目標に掲げました。この三つはフランス革命に由来するものですが、自由と平等と友愛を同じ社会生活の中に置くと、互いに矛盾を起こしてしまいます。しかし、三つに分節化された社会のからだのそれぞれの原理だと考えれば、矛盾しないどころか、互いに助け合えます。経済生活はすべての人の衣食住のためにあるのです。精神生活はそれぞれの個性をよりよく生かそうとします。法生活は平等な権利を共有するための人間関係の問題です。そういう社会有機体の在り方について、シュタイナーは、例えば『社会の未来』や『社会問題の核心』の中で具体的に論じています。

社会を生きているということは、先程の言葉を使えば、見られる側に立つと同時に、見る側に立つことです。どんな形でも社会有機体という人間関係の中に受肉することで、互いに見たり見られたりすることは、人間にとって当然の権利だし義務でもあります。そして思考も感情も意志も、そのための人間にそなわった能力です。

思考の社会的意味について考えてみたいのですけれど、唯物的、自然科学的でない思考について考えるための大事な概念というか、キーワードは「エーテル体」という言葉です。エーテルは生命と同じ意味で使っていますから、ここでは「生命体」と言ってもいいと思います。生命界、エーテル界のことを、シュタイナーはよく「元素界」という言い方もしています。シュタイナーによれば、眼の前の社会、あるいは生活環境は二重になって存在しています。ひとつは物質的な生活環境、もうひとつはエーテル的・生命的な生活環境です。この二つが一緒になって存在しているのに、われわれが感覚的知覚を働かせるときは、物質環境だけを現実の環境だと見ているというのです。でも、あらためて自分の周囲を見渡せば、自分の周りが物質界と同じようにリアルで、実体のあるエーテル界にも取り巻かれているのが分かる、とシュタイナーは言うのです。その両方に対応する二つの思考形式があります。エーテル的・生命的な思考と、物質的・自然科学的な思考の二つですが、その二つは決定的に違う、というのです。人類のからだ、社会のからだ、個人のからだというときに、それに対応する思考は同じなのですけれど、そのからだが生命のからだと物質のからだとに分かれるときは、それに対応する感覚的知覚の働きが違ってくる、というのです。

　どう違うのでしょうか。この違いについては、『霊界の境域』に詳しく書いてあります。物質の世界での思考は、基本的にエゴイズムの上に成り立っている。だから自分と相手がはっきり区別されている。シュタイナーはその問題をフォルム（形態）と結びつけて述べています。物質世界を創出した神、造物主のことをシュタイナーは「形態霊」と呼んでいます。造物主は形態霊の位階の神だと言うのです。位階＝ヒエラルキアのことは『神秘学概論』に詳しく出ていますが、今問題にしたいのは、形態、つまりフォルムが物質の世界の基本だ、ということです。

　フォルムには輪郭があり、一つひとつ形が違います。しかし、その相違を当然だと思って、それを概念化しようとする思考は、物質的・唯物的な思考だというのです。そのときの思考は当然フォルムを概念的・抽象的に受け止めて、一つひとつの個の在り方の相違に関心を持ちません。三角形があったり四角形があったり円があったりすれば、それで納得します。形の微妙な差異に注目しようとはしません。それが一般化し、法則化する自然科学的な思考の在りようです。

もう一方のエーテル的な思考は、それとはまったく違っています。個的存在のかけがえのなさに関心をもちます。指には指紋がある、それだけで納得するのではなく、どんな指紋なのかを問い続けます。何かに向き合うとき、百科事典や国語辞典に述べられているような言葉、概念の意味にのっとって抽象化することで満足するのではなく、そこから始まるような思考です。その何かの中にかけがえのない特性を見つけたとき、その特性に関心をもち、その何かの中に入っていこうとします。

ですからシュタイナーは、エーテル的な思考の基本は対象との融合にある、と述べています。相手の中に溶け込もうとする思考なのです。一瞬も同じ形を留めていない、生成発展し、変化変容し続ける生命界を対象にする思考です。生命界・エーテル界の中に生きる私たちは、輪郭づけられた自分のからだを持っていません。一瞬一瞬変化しつつ、対象の中に自分を融合させ、ひとつにしようとします。自分と相手との違いがなくなり、自分であるからあなたなのだ、あなただから自分なのだ、という世界を生きようとします。その中で思考することになると、まったく違った思考が必要になってくるのです。

シュタイナーは、物質世界での思考は、三段論法のような論理に支配されているけれども、エーテル界での思考は、共感共苦、あるいは共感と反感から成り立っている思考だというのです。いわば感情と一つになった思考です。共感が働くときには、もう自分なのか相手なのか、区別がつかなくなります。反感が働くときは、まだ融合するきっかけが与えられていないので離れています。そういう関係性のための思考なのですね。

シュタイナーは、このエーテル的な思考こそが本来の霊的な思考であり、エーテル的な思考が働いていない思考の世界では、何を体験しても、それはすべて全能なる物質界の体験であり、受け身の知覚であって、霊界の体験にはならないというのです。あなたの後ろにおじいさんが立っています、というだけの霊視は、まだ唯物的な思考に留まっている。エーテル的な思考だと、私だと思っていたら、私はすでにおじいさんになっているのです。おじいさんと私が別々に並んで立っているのではないのです。

感覚で呼吸する

そういう違いを述べた後で、シュタイナーはどうしたらエーテル的な思考を身につけることができるのか、という問題に入っていきます。そのことは『ミカエルの使命』という一九一九年の講義録に詳しく書いてありますので、そのテキストで説明させていただきますと、こんな言い方をしているのです。

炎を見て下さい、と言うのです。例えば、暗くした部屋の中でロウソクの炎をじっと見ていて、その炎を自分の中に、自分の感覚を通して流し込みます。そして、次にその炎を吹き消して目をつむると、その炎の残像が目の前に浮かんできます。それをじっと見ていると、しだいにそれが淡くなって消えていきます。これをシュタイナーは現代のヨガ、感覚による呼吸法と呼んでいます。現代の自然必然性の支配する厳しい時代では、感覚で呼吸することができないと、エーテル的な体験にならない、というのですね。それで感覚による呼吸をエーテル的思考の土台に置くのですが、私たちの日常体験のいいこと悪いことのすべても、一種の感覚的呼吸だ、と付け加えています。

感覚的呼吸をするときの基本は、一〇〇パーセント能動的になることです。普通のわれわれの感覚は、受け身なのですよね。向こうから声が聞こえてきますし、向こうから光が見えてきます。普通、私たちが感覚を働かせるというときは、能動的か受動的かなどとはまったく意識しないで、ただ見ていますが、視覚で呼吸するときには、一〇〇パーセント能動的になって光を見るのです。ただし光を見るというのはすべての感覚を代表しているので、音にも匂いにも味にも通用することです。感覚体験のエーテル化なのです。一〇〇パーセント能動的に感覚に向き合うと、その感覚がいつの間にかエーテル的な思考に変化していく、というのです。エーテル的思考は、さっき言いましたように、変容し、融合するメタモルフォーゼの思考です。自分と相手との間に垣根がなくなるのです。その相手というのは人でもいいし、ものでもいいのですけれど、垣根がなくなり、私があなたになり、あなたが私になる思考です。私は石ですとか、私は今一輪の花になりました、という言い方をすることができるためには、一〇〇パーセント感覚を能動的にしなければいけないというのです。感覚が一〇〇パーセント能動的になると、すでにエーテル界に居ることになるというのですね。

　このことは不思議でも何でもありません。芸術体験のことを言っているのですから。芸術体験とは、まさにこの体験のことなのです。例えば、日常の世界の中に嫌いな人がいるときには、なるべくその人に会いたくないと思います。会って一緒に話をしなければならなくなったりすると、何か気持ちが苛ついたり、ムカムカしたりします。できることなら考えたくもないと思います。ところが芸術の世界では、そう思いません。自分が芝居をすることになり、悪役を振り当てられたとすると、見ている人がムカムカするような役を演じなければいけません。その役を演じている当人は、すでにエーテル界にいるのです。日常の世界では絶対できないことが舞台の上ならできる、ということに、深い霊的な意味があるのです。小説を読むときにも、どんなに悲劇的な状況になっても、夢中になってその状況を追体験します。でも現実の社会だったら、絶対そんな嫌な状況を追体験しようとは思いません。何でこの世における思考の働きとドラマや小説の中での思考の働きとがぜんぜん違うのかというと、シュタイナーは一方は物質的な思考で、もう一方はエーテル的な思考だからだというのです。

一〇〇パーセント能動的に感覚を働かせると融合の世界に入れて、この世の生き方にも変化が生じるというのです。それで「感覚で呼吸する」と言うのです。だから小説を読むのも、テレビドラマを見るのでも、あるいは音楽にのめり込むのも、キャンバスにイメージを移すのも、エーテル的な思考を働かせているのだというのです。色と自分、音と自分の区別もないし、悪人と自分の区別もない、という思考の働きです。

その思考と物質的な思考との決定的な違いにシュタイナーは注目しています。そしてこの世でエーテル的な思考が可能になるのは、愛の働きがあるときだ、というのです。愛とエゴイズムは似ていますが、エーテル的思考と物質的思考との違いのように、関係の方向が逆なのだ、というのです。演劇と縁がなければないで済みますが、好きでたまらなくなったというのは、愛が働くからだというのです。絵を描くことが好きでたまらなくなったときは愛が働いている、誰かが好きでたまらなくなったときは、もちろん愛が働いています。そういうときは、すでにエーテル界の中に入っている、というのです。愛が働くと、自分はそれまでエゴイストだったのに、自分よりも対象のほうが、相手のほうが大事になります。だから物質の世界の中でエーテル的な世界を体験するということは、愛情を体験することと同じだというのです。

シュタイナーは愛について、物質界の中で自分の中に相手が入ってきて、自分の中で生きているとき、それを愛という、という不思議な言い方をしています。そのときは物質界の中での自分なのです。物質界の中の自分の中に相手だけが存在するので、自分のことなど、もうどうでもよくなっちゃうというのです。この世での私たちは、九九パーセントエゴイストとして生きています。私の場合、歯が痛くなったら、歯が痛いということだけで、平気で一〇〇パーセント、エゴイストになっています。だから日常の私の九九・九九パーセントはエゴイストだと思うのですけれど、その残りの〇・〇一パーセントの部分で愛が働くと、その瞬間に物質界で、エゴイズムが愛に方向転換する、とシュタイナーは言うのです。自分ではない何かが自分の中で生き始めて、自分はゼロにさえなれる、と。

ところが、さらに不思議なことを言っていまして、でもそれは物質界の中だけのことなのです。けれども、エーテル界のことで言うと、エーテル界の中での私は、今度は変容の働きで、自分の九九パーセントはいつでも他者と一緒になっているというのです。いつでも自分と他の区別がつかない世界に住んでいて、ある特定の時だけ、それに耐えられなくなって、自分は自分であるということを確認したくなる。エーテル界の中にも、そういう時がある。でも、それはごく僅かな時だ。そのときに自分の存在が確認できたら、また外へ拡がっていって、他のものの中に溶け込もうとする。でもエーテル界で他の中に溶け込んでいるとき、溶け込んでいる自分をいつも意識している、という不思議な言い方をしています。

この世で愛を生きているときは、自分が消えていても平気なのですけれど、エーテル界において他者と融合している場合は、溶け込んでいる自分の存在をずっと意識し続けている、というのです。オーケストラの指揮者が完全に曲の中に没頭して音を引き出しているとき、そのオーケストラの指揮者はエーテル界の中で、自分の個性を意識し続けているというのです。自分は自分である、ということを意識しないでいると相手の中に溶け込めない。それがエーテル的な在りようなのだ、と。けれども、この世では、完全に自分を消して相手を自分の中に生かしていないと、愛とは言えない。この違いについて、どう思われますか。

さっきのマントラの「私は思考する、そして時代の流れとひとつになる私を感じる」という言葉ですが、これはエーテル的な思考のための言葉ですから、時代の流れの中とひとつに溶け込んでいる自分を意識しているのですね。時代の流れの中に溶け込んでいる自分を、指揮者のように意識していないと、エーテル的に思考しているとは言えないのです。だからこのマントラを物質的な思考で考えても、意味がありません。自分が思考することで、何で時代の流れとひとつになれるのかというのが分からなくなるだけです。けれども、エーテル的な思考を働かせて、一〇〇パーセント能動的に感覚を働かせているときには、時代の流れとひとつになっている自分を感じる、というのですね。

ミカエル文化と「心の旅がらす」

それであらためて、今日のタイトルの「神秘学の現在」なのですけれど、現代という時代は、エーテル的思考に対してまったく正反対の、一〇〇パーセント、エゴイズムの時代になっていますから、エーテル的な感覚を持っている人にとって、この時代は非常に生きづらい時代ですよね。あまりに固まっていて、あまりに利害打算だけで生きている社会ですから。シュタイナーはこの社会のことを「技術と産業と営利主義の社会」と呼んでいます。

今の社会を真剣に生きようとすると、能力次第の時代、技術万能の社会の中に生きなければなりません。AIがこういう結論を出したのだから、あなたもそれに従わなければなりません、という社会です。その技術と産業、つまり原料に付加価値をつけることで儲けようとする産業資本主義の社会です。その中で生きているのですから、価値判断はすべて営利主義によります。損か得かだけで価値を判断します。お金が儲かれば、それが善であるという、そういう社会なのですから、その社会に適応して生きようとすると、自然必然性に適応しながら生きてきた一六世紀以降の生き方を通そうとすると、自分が虚しくなってきます。自分の願望や感情や意志が、それが自分にとってどんなに大事なものであっても、自分の個人的なものでしかないという虚しさがつきまとうのです。

シュタイナーの時代から百年経った現在、あらためて自分の周りを見まわしてみると、状況はあまり変わっていないように思いますが、シュタイナーは、こういう時代であればあるほど、眼に見えないところで新しい文化が生まれつつある、と言うのです。その新しい文化をシュタイナーは「ミカエル文化」と呼んでいます。時代がこのようであればあるほど、何か大切なものが生み出されつつある、と。シュタイナーが生み出されつつあると言ってから、すでに百年も経っているわけですから、ミカエル文化の実体は、たぶん百年前より今のほうが具体的に見えてきているはずです。

百年前には、まだ環境保護の問題意識もなかったでしょうし、エコロジーという言葉もありませんでした。何かそういう地球の生命に関わる新しい動きがこの百年の間に確実に育ちつつあると思います。日本の社会の中にベーシックインカムが導入されたら、私たちの社会がどのくらい変わるかということは、私にとって未来へ向けての大きな希望になっています。でも人とその話をすると、働かなくてもよくなる時代が来たら、みんな働かないでパチンコか何かやっているのではないか、みたいな感想もきかれますが、パチンコばかりやるというのは、一〇〇パーセント受け身にならないと生きていけない社会だからそうなので、もしミカエル文化の時代が来たら、ベーシックインカムの時代になったら、何かぜんぜん違ったものが生まれてくるのではないか、という希望です。

この希望の問題は今年になってから私の中でますます大きくなってきました。ずっとこの問題をあれこれ考えて一年間が過ぎたくらいのころ、あるとき「心の旅がらす」という声が聞こえたのです。旅がらすというのは、ちょっと演歌っぽい響きがあるのですけれども、物質の世界からエーテルの世界に旅立つということをイメージしたのです。それで旅がらすなのです。カラスだからいつでも逃げて帰れます。それでカラスがいいと思ったのです。そうしたら七つのプロセスが出てきました。何年か前に、京都で共同体に向かう段階について話をさせていただいたときは、藤圭子の《圭子の夢は夜ひらく》が心の中で聞こえていて、《夢は夜ひらく》の一節一節にこだわって話をしたことがありましたが、今日は「心の旅がらす」の話をさせていただきます。

先に言ってしまいますと、一番目は、「自分と親しくなる」、二番目は、「親しい人と親しくなる」、三番目は、「嫌いな人と親しくなる」、です。四番目は、「縁のないところに縁をつける」、五番目は、「自分のためよりも相手のために心を向ける」、そして六番目は、「はじめは芸術の場で」。さっき言ったような意味です。最後は、「次は生活の場で」、という七つなのです。一番目から二番目に行って、三番目のところで逃げ帰ってきてもかまいません。カラスですからね。でもまた気が向いたら、また三番目に飛んでいけるわけです。

問題は三番目辺りからで、自分と親しくなることも、親しい人と親しくなることも可能なのですけれど、嫌いな人と親しくなるということで、何が言いたいのかというと、これはシュタイナーの『神智学』の最後に出てくる「認識の小道」に書いてあることなのですけれど、心の中に嫌いな人を思い描いて、その嫌いな人の中に没頭するというイメージの練習なのですね。だから心なのです。現実の旅ではなく、心の旅なのです。

どうしようもない誰かがいるとして、その誰かを心の中で思い浮かべるときは、やっぱり役者になったつもりで、相手になり切らないと親しくなれませんよね。個人的な知り合いじゃなくてもいいのです。どこかで偉そうにしている誰かでもいいのですが、その誰かを心の中に思い浮かべて、自分が相手になり切ったようなイメージを持つ、というのが三番目です。

心の旅がらすは、せいぜい五分間ぐらいの旅です。いやな旅なら、すぐに親しい人と親しくなる第二番に戻ればいいだけの話です。この作業は、エーテル界へ向かう旅のひとつなのですね。

縁をつけるということ

四番目の「縁のないところに縁をつける」ということについては、以前凄く挫折感を持った体験があります。それは仲間と勉強会をやっていたときのことです。韓国の文化を勉強するための集まりだったのですけれど、いつの間にか韓国の文化からはみ出て、大乗仏教の勉強会になりました。大乗仏教の経典を読んでいく中で『大乗起信論』を読むことになり、岩波文庫の『大乗起信論』の読み合わせをしたのですけれど、ともかく信じられないくらい難解で、読めば読むほど分からなくなっていくのです。一〇ページぐらい読むと、必ず元に戻らないと分からなくなって、また一ページから読み直す、というようなことを繰り返し繰り返しやっていて、結局、挫折したわけです。

それを読んでいたときに、分かるって何なのだ、という思いが湧いてきました。分かったら、次のページに行くのです。分からないと、そこに立ち止まります。それで、縁をつけるというのはそういうことらしい、と後で気がついたのです。すぐに分かっちゃうと、縁がつかないのですね。分からないと、縁が続くのです。それがとても不思議でした。

これも前にお話したので、またかとお思いになるといけませんけれど、以前『エンカのチカご購読ありがとうございます。このカードは、小社の今後の出版企画および読者の皆様とのご連絡に役立てたいと思いますので、ご記入の上お送り下さい。

〈本のタイトル〉※必ずご記入下さい

●お買い上げ書店名(　　　　地区　　　　書店　)

●本書に関するご感想、小社刊行物についてのご意見

※上記感想をホームページなどでご紹介させていただく場合があります。(諾・否)

●購読新聞

1. 朝日
2. 読売
3. 日経
4. 毎日
5. その他
(　　　　)

●本書を何でお知りになりましたか

1. 書店で見て
2. 新聞の広告で
(1)朝日 (2)読売 (3)日経 (4)その他
3. 書評で (　　　　紙・誌)
4. 人にすすめられて
5. その他

●お買い求めになった動機

1. 著者のファン
2. テーマにひかれて
3. 装丁が良い
4. 帯の文章を読んで
5. その他
(　　　　)

●内容

□満足　□普通　□不満足

●定価

□安い　□普通　□高い

●装丁

□良い　□普通　□悪い

●最近読んで面白かった本　(著者)　(出版社)

(書名)

㈱春秋社　電話 03-3255-9611　FAX 03-3253-1384　振替 00180-6-24861
E-mail:aidokusha@shunjusha.co.jp

郵便はがき

お手数ですが
切手をお貼り
ください

101-0021

千代田区外神田
二丁目十八―六

春秋社

愛読者カード係

＊お送りいただいた個人情報は、書籍の発送および小社のマーケティングに利用させていただきます。

(フリガナ) お名前	(男・女)	歳	ご職業
ご住所 〒			
E-mail		電話	

※**新規注文書** ↓(本を新たに注文する場合のみご記入下さい。)

ご注文方法 □**書店で受け取り** □**直送(代金先払い)** 担当よりご連絡いたします。

書店名	地区	書名	冊
取次	この欄は小社で記入します		冊
			冊
			冊

ラ』というアルバムに入っている都はるみの《シクラメンの香り》をたまたま聴き、なんて素敵なんだろうと思ったのですが、歌っている歌手が都はるみと書いてあったので、都はるみが歌っていると分かったとたんに、それまでの何て素敵なんだろうという、ふわふわ拡がったような不思議な雰囲気が消えて、都はるみに戻ったのですね。それが凄い体験になりました。表象と概念にはそういう違いがあるのだ、と分かったのです。表象しているときは、まだ概念と結びついていないので、イメージがどんどん膨らんで拡がって行きます。ところが、都はるみという概念がその表象に結びつくと、拡がっていたイメージが消えて、固い概念に戻るのです。

概念と表象の違いはそういうものかと思っていたら、どうもそうじゃないのですね。どうしてそうじゃないのかというと、その時点で、私と都はるみとに縁ができたのです。ですから都はるみの顔が思い浮かんだというのは、ひとつの縁ができたということで、その後、今度は、本格的に都はるみを知らなくてはいけなくなったのです。今まではいいかげんに都はるみを聴いていましたけれど、今度は都はるみのシングル集みたいなものを買ったり、アルバムを買って一曲一曲丹念に聴いて、都はるみなるものをもっと深く知りたいという気持ちが湧いてくるとき初めて概念を表象にする、という新しい作業が始まるのですね。今度の表象は、縁がついたから、縁のある表象になるのです。シュタイナーはそれをカルマと呼んでいます。

私は都はるみとカルマ的に結びついたのです。カルマ的に結びついた相手のことを、私は

「わたしの」という言葉を上に付けることにしました。「僕の都はるみ」です。「僕の都はるみ」と言えるためには、いったん概念化された都はるみを、あらためて表象し直すという作業をしなければいけません。漠然と素敵な《シクラメンの香り》を聴いていて、いいなあと思って、ああ都はるみだ、と思ったプロセスは、一回限りのプロセスで、まだ縁がついていません。けれどもその先の、概念を表象にする作業は、無数の繰り返しの作業です。無数に繰り返さなければならない作業になったとき初めて、カルマと結びつくのでしょうか。「わたしの都はるみ」になるのでしょうか。なんかそんなことを感じました。物質の世界からエーテルの世界に入っていく作業というのは、表象が概念化されたあと、その概念からあらためて表象世界を作り出す作業を無限に繰り返すのですね。その概念を表象にする作業を、「心の旅がらす」と呼んだわけです。

　だから一回で済む問題ではなくて、何度も行ったり来たり行ったり来たりします。今はそういうことをやる状況ではないとか、嫌だなとか思うだけでもいいのですけれど、一番身近な自分と親しくなる、自分とカルマ的に関わる、というところからスタートを切ります。親しい人と親しくなるというのは、親しい人はいつ嫌いになるか分からないからです。シュタイナーはルツィフェルとかアーリマンとか言うのですけれど、例えば、ＡさんとＢさんが仲がいいとします。Ｃさんがそれを見て、癪に障ります。何とかそのＡさんとＢさんの間を悪くしようと思って、Ａさんのところへ行って、Ｃさんが、ＡさんＡさん、Ｂさんはあなたにはいつもいい顔をしているかもしれないけど、私にあなたのことをこんなふうに悪く言いました、と言いつけます。本当か嘘か分からない話をするわけです。だいたい嘘の話をするのですね。そうすると、言われたＡさんは無意識にＢさんに裏切られたと思って、Ｂさんをどっかで疎《うと》み始めますね。Ｃさんは、しめた、うまくやった、と思います。どうも政治の社会って、それの連続みたいな感じがします。どこかの国の権力者が処刑になったりするとき、Ｃさんに当たる人がご注進に及んだのではないか、と勝手に想像したりしてしまいます。

人間関係というのはそのぐらい脆いものだと思うのです。だから信頼なのですね。信頼というのは裏切られても信じるから信頼なのだ、と以前教えてくれた人がいました。信頼していたのに、というのは信頼じゃない、と教えてくれたのです。裏切られても裏切られても、一度信頼したのだから信頼し続ける、というのを信頼というので、一度や二度裏切られたからもう信頼しないというのは、そもそも信頼していなかったのだということを、若い頃、ある浄土真宗の住職さんから教えてもらいました。その人は、ひどく裏切られたので、なぐさめたいと思って会いに行ったら、逆にそう教えられたのです。

日本には、伝統的にエーテル文化が生きているのではないでしょうか。エーテル的な生き方をするというのは、やっぱり自分と相手がひとつになっていなければだめみたいですね。自分は自分で相手は相手だ、というところに立っている限りは、危うい信頼関係なのですね。縁をつけるためには、やっぱり自分が相手になるという作業を、何度でも繰り返して行う必要があるようです。自分が相手になれれば、周りでどんなに悪口を言われても、直接当人に会って、Cさんがあなたのことをこんなふうに言っていたので、とりあえず報告しておくけど、みたいな話で済んじゃうのですね。その辺の微妙なところは、物質的な思考で終わっているのか、エーテル的な思考を生かそうとするのかあたりで、決定的に違ってくるみたいです。物質的な思考の中に生きていると、どうしてもこじらせてしまうのです。自分もこじらせるし、相手もこじらせます。そのこじらせを超えるためには、どうしても融合の感覚が必要になると思うのですけれど、とても難しい課題です。

融合の感覚

昔、大学で勉強していたときに、卒業論文を書くことになり、愛読していたヘルマン・ヘッセの『デミアン』や『荒野のおおかみ』の中に出てくるノヴァーリスの言葉が凄かったものですから、ノヴァーリスの断片集を岩波文庫で読み、ノヴァーリスを卒論のテーマに選びました。大学の時も大学院の時もノヴァーリスをテーマにしたのですけれど、何に惹かれたのかというと、ノヴァーリスはひたすら愛を融合の感覚として論じているのですね。「運命と心情とは同じ概念を表わす二つの言葉にすぎない」、というところから始まり、融合の論理を水に譬えてみたり、人と人との関係を融合の論理で描いてみせたりするところに惹かれました。ドイツ・ロマン派は融合の論理を愛の論理として描いているのだということに気がついたので、それを卒論のテーマにしたのです。

　ところが融合の論理は、ヨーロッパではなく、東洋の論理だということにあとで気がつきました。例えば、鈴木大拙さんや柳宗悦さんの仏教について論じているもの、特に一遍上人の思想について論じているところとか、妙好人について論じているところに、そのことがはっきり現れています。ノヴァーリスの思想が日常生活の中にも溶け込んでいるような気がします。例えば、お茶の世界や芸能の世界では、ひたすら融合の原理が生かされているのではないでしょうか。「相即」というのは、神（仏）と人、人と人、人と物、それらが互いに助け合って、和合して、一方でも他方でもなくなる、というような在りようなのですね。

　仏教における相即あるいは相入のことは、『大乗起信論』にも出てきます。「不生不滅と生滅とを和合して、一にも非ず、異にも非ず。これをアラヤ識という」、と『大乗起信論』に出ていました。二つのものがあったときに、二つのものの関係がともかく繰り返されて行きますと、繰り返されるたびに、だんだんその関係が密になり深くなって行きます。そうすると、あるとき自分なのか相手なのか分からなくなるところまでいきます。それを仏教では、成仏、往生という言葉で表現するのです。

往生は、「往生際が悪い」みたいに死ぬことを言いますが、柳宗悦さんの『南無阿弥陀仏』では、「人間の次元のままでは往生できない。なぜなら人間は二であるが、往生は不二なのだから。人間の位が往生の位ではなく、人間が己れの次元を超えて、不二の次元に入ることが往生であり、成仏である」、と述べています。柳宗悦さんの『南無阿弥陀仏』を読むと、シュタイナーのエーテル的思考がこんなふうに表現できるのかと思って、びっくりさせられます。僕が今日言おうとした一九一三年から一九年までのシュタイナーの一番大切なメッセージが、ほとんどそのまま柳宗悦さんの『南無阿弥陀仏』の世界であって、まさに相即そのものなのです。

柳宗悦さんはこんなことも言っているのです。ともかく、自分をひどい人間だと思えることが、仏との縁、仏縁をつくるきっかけになるのですが、きっかけにはなるけれども、自分がどのくらいひどい奴なのかを身に染みて感じれば感じるほど、自分が小さくなっていく。そして自分が小さくなっていくと、ある時点で価値の転換が起こる、というのです。まるでニーチェの言うような、一切の価値の転換が起こる、と。そうすると、どうなるかというと、自分が世界で一番小さい、世界で一番醜いような存在になる。そして自分以外のすべてが、もの凄く美しく大きく見えてくる。これが柳宗悦さんの言う往生なのですね。周りが極楽になるためには、自分が最悪な、最小の存在になり切らなければならないというのです。自分が偉いと、何を見ても外はみんな地獄に見えちゃうのです。少なくとも自分より下に見えちゃいます。それを上から目線と言うのでしょうが、上から目線は、いつも地獄を見ていて、下から目線は、いつも極楽を見ているわけです。自分は駄目な奴だと思い切った瞬間に、世界が一変して美しく現れる。なぜなら、少なくとも自分よりはすべてがもっと美しいから、という美学です。美と醜がひとつになる美学、あるいは自分が醜であればあるほど、ますます世界が美しくなるという美意識です。それが相即であり和合なのです。

柳宗悦さんの『南無阿弥陀仏』は、美学を論じている本でもあって、美学として読むと、あんなに霊的な美学は読んだことはないくらいです。他力の美学、浄土門の美学なのですから。

気がついたら時間が迫っていました。後は簡単な締めくくりになってしまいますけれど、柳宗悦さんの言葉の中で一番凄いと思ったのは、「仕事が仕事をする」という言葉です。この言葉は主語と述語が同じなのです。ある職人さんが同じことを繰り返し繰り返しやっているとき、その職人さん自身が仕事になってしまっている。仕事が仕事をするというところまで行く。これはまさに浄土門の極致だ、と書いておられます。それを読んでいましたら、すべてにそれが当てはまるのですね。ご承知の通り、法蔵菩薩という方が四十八の願をかけました。大願です。

自分の願いがかなわなかったら、自分は仏に、如来にならない、悟らない、と決心されました。しかし、法蔵菩薩はすでに阿弥陀如来になっている。大願はすでに成就されている。このことを柳宗悦さんは、如来が如来すると、その如来が如来する形の中に、自ずと法蔵が現れる、と言っているのです。びっくりしました。法蔵が願をかけて、その願がかなったから如来になったのではなく、如来が如来するために法蔵になったというのです。ほとんどイエスとキリストとの関係になっているのです。イエスが修行してキリストになったのでなく、キリストが自分の願いを成就させるためにイエスになったのです。そうすると浄土系の仏教思想は、キリスト教のもっとも本質的なところと通じ合っています。そういう見方でキリスト教と仏教とを相即相入として描いてくれているのです。

ついこの前、光の思想をあれこれ考えていました。というのは、仏教もキリスト教も光の思想なのですね。シュタイナーは、光を心の中で能動的にイメージすると、最高にエーテル的思考のための力になってくれる、と述べています。エーテル的な思考は魂の力を強くする、とも言っています。「魂の力を強くする」、というのです。

その光のイメージを考えていましたら、妙なことに気がつきました。光の場合は、光自身の存在に意味があるのではなくて、光は自分以外のものを明るく照らすために存在しているのですね。そういう存在の仕方は光以外にあるのかな、と思ったのですけれど、物質界の中では、見当たらないのです。物質界の中で、光だけは他者を明るく輝かせるためにだけ存在していて、自分自身だけで存在すると闇なのですね。何かに反射されて初めて、光の存在が見えるのですが、何かに反射されるというのは、光のために反射するのではなくて、何かが輝くために反射されるわけですから、光の本質はひたすら他者を輝かせるために存在するのです。その意味で、光は聖なる存在にもっともふさわしいのかな、と何かそんなふうに思いました。最後は結論らしい結論になりませんでしたけど、時間になりましたので、以上で私の話を終わりにしたいと思います。

（二〇一三年一二月一五日）

5 「自我」の探究

ミカエルの思想

いつも年末に京都で、一年間の中で一番自分の大事な問題をまとめのような形で話をさせていただいてきましたけれど、今回は去年に引き続いた話をしたいと思います。去年の「神秘学の現在」では、「ミカエル」の問題との関連で、さっき紹介していただいた「心の旅がらす」の話もさせていただきました。

今日、お話したいのは、われわれの生きている証しでもある「自我」についてです。それから、シュタイナーの『神秘学概論』では自我の思想の核心の部分を「キリスト衝動」という言葉で論じていますが、シュタイナーはヨーロッパだからキリストと言うので、東洋では別の言葉でこの「自我の核心」を語っている、とも言っています。大乗仏教の「如来」のことだと思いますが、この地上に特別の縁をもった神、上から下に、地上に降臨された神、今日はその神のことも取り上げようと思っています。

言葉の問題

　この問題を取り上げる気持ちになったのは、言葉の問題を去年あたりからずっと考えていて、天地創造、宇宙開闢の根本に神様の意図が働いている、と思わなければ、つまりビックバンのような偶然の出来事から宇宙が始まる、という考え方ではなく、はっきりした意図をもって宇宙が始まったのでないと、自分たちが今ここにいるということの意味が見えてこない、と考えていたときのことです。存在するということの意味と言葉－ロゴスということがまったく同じことではないか、ということにあるときなんとなく気がつきました。天地創造の初めに、ヨハネ福音書が言うように、言葉があった。その言葉は、かつては過去形で語られていました。初めに言葉があった、言葉は神であった、という過去形でした。けれども、その言葉は今、現在なら何と呼ばれているのか、と考えてみましたら、私にとっては、人間でしかありえなかったのです。

　かつては天地創造の初めに言葉があった。今、その言葉は人間となって存在している。そのようにしか思えなかったのです。そう思いますと、天地創造の初めに、自我を持ったある存在が、非常にはっきりした意図をもって、宇宙という存在を生みだした。その生みだす行為を可能にしたのは、言葉があったからだ。その言葉が今、一人ひとりの人間となって、人間として生きている、と考えていきましたら、私は以前から美学の問題を自分の大事な課題として考えているのですけれども、芸術の本質は、そこから見ていかないと見えてこない、と思うようになってきました。

天地創造のときの言葉を受け継いでいる人間が、今自分の中から能動的・内発的に出てきているものを、作品として生みだしています。その行為は、宇宙が始まるときに、宇宙の始まりに、存在を可能にした神の意志の働きが天地を創造したことを、われわれ人間は、芸術行為を通して模倣するのです。そうすることで、神と人間との根源的な関係をそのつど確認するのです。それが芸術行為ということではないのか、みたいなことを考えました。

ですからシュタイナーは、生活芸術とか教育芸術とか、シュタイナーの影響を受けたヨーゼフ・ボイスは社会芸術とかと言って、この生きていることの証しを、芸術と呼んでいます。芸術行為を通して、人間は一人ひとり、天地創造を繰り返させてもらっています。その創造はもちろん生命の創造からは程遠い、未熟な創造ですが。そう考えると、私たちの日々の人生そのものが芸術行為と言えます。

そういう一連の考え方の中で出てきた言葉が、「キリスト」、「ミカエル」、「自我」で、三つの異なった言葉ですけれども、同じ意味を持っているような気がしてきたのです。つまり自我とミカエルとキリストは、同じことを別な側面から語っているのではないか、と思えてきました。今日はその問題をお話させていただきたいので、よかったらぜひ感想をお聞きしたいと思っています。

自我についてのイメージ

それでさっそく自我から話を始めたいと思います。先回「心の旅がらす」で、その旅を七つに分けて語りましたので、昨日、「自我」も七つに分けて語りたくなって、「人生という七つの旅姿」を思いついたのです。

暗記できなかったので読ませていただきます。「自我の七つの旅姿」と名づけました。一番目は、「自分と同じ存在は自分の他にはない」。二番目は、「その自我も変化する。昨日の自分と今日の自分とは異なる」。三番目、「自我が自分を取り戻すのは瞬間であって、持続においてではない。瞬間にこそ永遠がある」。四番目、「自我はそれぞれ自我としてのかけがえのなさをもっているので優劣の対象にはならない。その意味でどんな存在も今この時代この空間を共有している仲間であり、平等の仲間である」。五番目、「かけがえのないこの自我は孤独になると不安になる」。六番目、「したがって他の異なる個性、異なる自我と結びつくことで自分の存在を確認しようとする」。最後の七番目、「自分よりも相手のほうを大切に感じるとき、自我は愛に変わる」。こういう自我のイメージをもって、自我について考えようと思いました。

旧約聖書のモーセの書の中で、神様が「私は私であるところのものである」という言葉を使いますよね。あるいはギリシアの神殿ですと、デルポイの神殿には「人間よ、汝自身を知れ」という言葉が記されていますよね。

ですから古代から、自我とか、私とかという言葉はやっぱり特別のものとして意識されていたのだと思いますけど、今京都で勉強しているシュタイナーの『ミカエルの使命』を読んでいましたら、鉱物も植物も動物も人間と同じように自我を持っている、という考え方が出てきました。ただ、鉱物の自我や植物の自我はまだ一つひとつの鉱物や植物の中に受肉していませんので、自分を自分であると主張することはできませんけども、シュタイナーは眠っているときの人間と同じで、眠っているときの人間も自我を意識しないで眠っているように、石も自我を意識しないけれども、一つひとつ自我を持って存在している、と言うのです。

実は昨日のことなのですけど、そういうことを思って、その問題をあれこれ考えていたのですが、シュタイナーは、神秘学は知性で処理できる問題ではない、合理的に頭で考えても何もそこからは本質が見えてこない、と言っていますね。

知性で、あるいは頭で思考しても、その思考対象から姿を隠してしまうようなものでないと、神秘学の対象にならないというのは一体どういうことなのだろう、と思って、昨日、北側に大きな窓のあるホテルの一室に泊まっていたものですから、窓の外を見ながら今日の準備をしていましたら、午後は青空が見えていて、そこに雲が漂っていたのです。

きれいな形をとっている雲がだいたい午後三時半ぐらいまで流れていました。そして三時半になったら、急に空一面が雲で覆われて、一つひとつの雲の形が見えなくなったのです。でも真上を見ると、まだ青空に雲が漂っていました。何となくシュタイナーの思想をこころの中に生かそうとしながらその空を見ていましたら、雲の一つひとつがことによったら、目に見えない存在の芸術作品の一つひとつなのかもしれない、みたいに思えてきました。

そうしたら、『ミカエルの使命』の言葉も浮かんできました。感覚を働かせて物を見るときは、目に見える物質の姿や形が見えるだけではなく、そこから宇宙の思考内容が自分のほうに流れてくる、というのです。

しかも同時に、見ているという行為の中では、自分の中の意志が、見る行為を通して、宇宙のほうに流れ出ている、とも書いてありました。どんな感覚体験のときでも、見るときも聞くときも、あるいは触れるときも、匂いを嗅ぐときも、何かを味わうときも、すべて同じだ。向こうから、感覚的な知覚の対象の背後から、宇宙の思考内容が見る者の中に流れ込んでくる。

そして見ている者は、あるいは知覚を働かせている者は、自分の中から意志を外に向かって流れ出している。そういう宇宙と個人とのコミュニケーションを行っているのが感覚的な知覚なのだ、ということを強調していたのです。

そのことが頭の中にあったものですから、青空を見ていて、雲の形を見ていたのですけど、ちょっと気をとられた隙に雲の形が変わったのです。たった数秒前には、何かすてきな雲の形だと思って見ていたその形が、突然消えてしまい、まったく違った雲がそこに現れていたので、一体存在って何なのだろう、と改めて考えさせられました。

一つひとつの雲の形が神の意志の現れだと思って見ていたら、その雲は一瞬にして消えてしまいます。そしてその雲の形は永遠に消えてしまって、二度と宇宙には現れてきません。ニーチェのように永劫回帰を信じるのだったら別だと思いますけれども、いったん消えてしまったら、雲は元どおりになりませんよね。一瞬で姿を隠してしまったその雲の数秒間と人生の何十年かがなんか一つに結びついて、一瞬で姿を変えた雲と何十年かで姿を隠すわれわれ一人ひとりの個性とは、宇宙的に見たら、同じなのかもしれない、と思ったのです。

でも人間には少なくとも、雲とは違って、「私は私である」という意識がありますよね。「私は私である」という意識を持つということは、たとえ一瞬で消える存在であったとしても、その一瞬を永遠に変える力が自分の中で働いているのではないか、と思ったのです。

「私は私である」と思っても、そう思う瞬間は持続しません。たぶん数秒か、数分かの時間だと思いますけど、そう思う時間が濃縮していくみたいなのです。そして濃縮していくと、瞬間が永遠に変わる、という感じがすごくしたのです。

自分という存在は持続させようと思えば持続できます。持続させると、自分の中で存在が記憶になります。一瞬一瞬の、雲を見ているときの一瞬一瞬の体験と、それからその雲を自分のこころの中の記憶内容として記憶に残すということと、同じなのか違うのかということも妙に気になってきて、それも北側の窓から外を見ながら考えていたのですけど、シュタイナーが「合理的に考えたらダメだよ」と言っているのですね、隣で。

それで、合理的に考えないで、その瞬間と持続との関係がどういう関係なのかを意識化しようとしていましたら、なんかそこからいろんな問題が自分の中に出てきました。以前、断崖絶壁の上から下へ落ちるときの自分のことをお話したような気がするのですけども、瞬間が永遠に、永遠と言って悪ければ、持続でもいいのですけど、いわば瞬間が純粋持続に変わるとすれば、なにかその瞬間が、自分のことではなくなるような気がしたのです。ある種の宇宙的な生命《いのち》の営みの中にエネルギーを送っているという感じなのです。

もちろん小さなホテルの個室でぼんやり一人で空を眺めているというのは、まったく個人の主観の中の問題なのですけども、その個人の、まったく他の人にとっては問題にならないような、どうでもいい行為が、なにか客観的な宇宙のいのちの中にエネルギーを送りこんでいるような、そんな感じもありではないか、というふうに思ったのです。

これは隣でシュタイナーに「合理的に考えても意味がないよ」と言われていることに対する自分なりの返事だったのですけど。

それで、いったいこの問題はどこに通じる問題なのだろう、と考えてみましたら、次に自分の中で意識されてきたのは、道を歩く、ということだったのです。

今私たち一人ひとりは、それぞれ自分の道を歩いています。人生という道を歩いています。でも、その道が正しい道なのか間違っている道なのかということは分かりません。今日は外に出たほうがよかったのか、家《うち》にいたほうがよかったのか、みたいなことはまったく分かりません。けれどもひたすら与えられた道なので、自分の道を歩いていますよね。そのときに、京都で何度かお話したように、ニーチェが「教育者としてのショーペンハウアー」という『反時代的考察』の中の論文で述べているように、「君の歩いている道は世界中他のどこにもない、君だけが歩くことのできるたった一本の道なんだ」という言葉に何か通じるものが感じられました。私たちはその道をともかく与えられた道として歩いているのです。でも必ずしもその道が幸せな道とは限りません。悪戦苦闘の連続かもしれません。悪戦苦闘の連続である道でも、与えられた道なら歩くしかない、と考えましたら、その歩くしかない道を歩くという道がキリスト衝動なのだ、ということに、自分なりに気がついたのです。

シュタイナーはいろんなところでキリスト衝動という言葉を使うのですけど、シュタイナーによれば、どうやら、与えられた道をただ歩くなかで悪戦苦闘すると、そこにキリストとの縁が出来るらしいのです。

孤独の自我は愛を求める

以上が私の自我論なのですけど、あんまりまとまりのない自我論で申し訳ありません。まとめると隣にいたシュタイナーに怒られそうな感じがして、実感で勝負するしかないという感じがありましたので、まず自我についてのイメージをそんなふうに考えてみました。

でもこういう自我のイメージをもつと、自我というのは孤独だから、いくら自分の中を豊かにして自分を自分で肯定できる存在にしようと思っていても、一人だと寂しくなって、孤独になって、どうしていいか分からなくなる、ようなところがありますよね。

ですから自我は、自我でない何かを求めざるをえませんよね。さっき、七つの自我の旅姿の最後にそんなことを付け加えたのですけど、個としてそれ自体が絶対であっても、その孤独感には負けてしまって、どうしても自分ではない何かと結びつきたい、という思いが強くなりますよね。

その自分ではない何かが書物であっても、音楽であっても、あるいは友だちであっても、異性の誰かであっても、結びつきたいと思いますよね。結びつきたいと思う行為は愛の行為ですので、自我の問題を考えると、どうしても最後に、孤独な自我が愛を求めている、というところに行ってしまうのです。

それで自我と愛の問題を考えていましたら、不思議なことに気がついたのです。当たり前といえば当たり前なのでしょうけど、他のなにかと結びつきたいという気持ちが強いのに、なんでたった一人の人しか愛せないのか、という問題なのです。

どうせ愛するつもりなら、三十何億人かいる地球上のすべての人間を愛せばいいのに、たった一人だけ愛せて、二人目になるともう三角関係でどうしようもないところに追い込まれるしかないわけです。そうするとどうなるのか、という変な問題が出てきてしまったものですから、それを抱えてクリアしないと先へ進めなくなったのです。

それでやっと、自分の中でたどり着いた結論というのは、だからこそ人間なんだ、という変な結論なのです。要するに、一番大事な問題は、矛盾の中にしかない。矛盾の中で悪戦苦闘するのでなければ、人間にとって大事な問題になりえない。だから愛のような大事な問題がいつでも予定調和的に成り立っているはずがないという、結論とは言えないのですけど、だから一番大事な愛の問題は、対象がモノだったらいくらでも趣味を増やすことができるけど、相手が人間ということになると、そう簡単にはいかないということです。

相手も自我があるからでしょうけれども、自分の勝手にはならない。それで、自分の勝手にはならないというのはどういうことかというと、無意識に自分が愛イコールエゴイズムだと思っていたらしいのです。

愛するとはエゴイズムを満たすことだと思えば、当然、愛ではないですよね。愛はエゴイズムの対極のはずですから。それなのに、自分のことになると、愛はエゴイズムを満たすためにあるみたいに考えてしまいがちです。そうなったら矛盾の中に入り込むしかないわけですけど、シュタイナーが言うように、自分よりも相手のほうが大事になる瞬間に、愛が現れますよね。相手を自分のために利用しようと思っている限りはエゴイズムであって、愛ではありませんよね。でもうっかりすると、エゴイズムと愛をほとんど同じように受け取ってしまうらしい、ということも思い知らされました。

それでシュタイナーは、愛情の問題をお弟子さんから聞かれると、いつでも言葉を濁して逃げ回っていたらしいのです。講演会場で、何か質問は？　というときに、恋愛について聞かれると、何が何だか分からないような難しい話をして逃げていたらしいのです。その理由はやっぱり、合理的にこういうものだということがありえないから愛なので、愛とはこういうものです、と言ったとたんに、その言葉は意味を失ってしまうからなのではないでしょうか。

愛情の問題はここまでにして、今度は鉱物と植物と動物と人間とがまったく同等で、平等で、お互いに同じ時代の同じ場所を共有している仲間だ、というのはどういうことなのか、と改めて考えてみました。そこに愛情を持ち込むとややこしくなるので、その問題を愛情の問題ではなく、エーテルの問題として考えました。シュタイナーは生命をエーテルと呼んでいますね。エーテルでも生命でもいいのですけれども、われわれは自我としてはかけがえのない孤独な存在で、いのちという観点から見ると、かけがえのない一人ひとりではありません。ふだんは同じいのちを持った仲間として、いのちの流れの中に浸って生きています。生命の流れの中で、みんな一緒に泳いでいます。そのときは、自分はかけがえのない自分だ、などと考える余裕はなく、みんなでいのちを共有しています。そういう共有する仲間として、鉱物も植物も動物も人間も、みんな一緒に生きているのだと思うのです。いったいそのことにどういう意味があるのか、それを問題として考えてみました。

鉱物、植物、動物を、自然科学のように、対象化して考えるのだったら、まったく生きる意味が見えてきません。自分のからだの中に鉱物の要素も植物の要素も動物の要素も生きて働いていて、鉱物、植物、動物のおかげで、今自分はここに生かされているのです。外の何かとして考えてしまうと、この問題は姿を隠してしまいます。鉱物とは自分のことだと思った途端に、鉱物の問題が姿を現します。だから自分の中の鉱物、植物、動物なのです。仲間という以上に、それによって自分が生かされている大事な存在です。

問題は、自分の中の鉱物、植物、動物と、外にあって自然科学の研究対象になっている鉱物、植物、動物とどういう関係があるのか、ということです。

この問題は直ちに社会問題とつながります。社会問題として考えますと、鉱物と植物と動物は原料なのですね。その原料に人間が手を加えるということを、経済学では「付加価値」と呼びますよね。付加価値というのはいくらでも価値を積み重ねることができますから、付加価値をつけるたびに商品としての経済価値が高くなります。それを売買することで人間の経済生活が成り立っている、というのが社会から見た鉱物、植物、動物です。

だから鉱物、植物、動物は経済から見ると原料なのですね。人間が勝手に原料に手を加えて、価値のある商品に変えるたびに、人間はえらくなった気がしているのです。付加価値をつけるたびにえらくなっていく人間と、エーテルの流れの中を鉱物、植物、動物と一緒に流れている人間とは同じ存在なのでしょうか。まったく別な存在なのでしょうか。もし同じ存在だとすると、その間に矛盾はないのでしょうか。そういう問題が出てきてしまったのです。

今まで年末に大切な問題を京都でお話をさせていただいてきて、今回は十月の末だったか、十一月だったかに、こういう問題の話をしたいということを京都のスタッフの方にお話して、それからさっそく準備に取りかかったのですけど、全然準備ができないのです。いくらシュタイナーの本を読んでも空回りするばかりで、何が何だか分からないうちに、気がついたら先週になっていました。残り時間七日間というところに追い込まれました。ノートは山のようにとったのですけど、すべて何の意味もなくて、一体どうなるかという不安が募ってきました。それで昨日の夜になって、仕方なしに眠って、今朝になったという感じなのです。変なのですけど、準備しようとする意志はあったのに、全然準備にならない準備ばかりしていました。準備にならない準備をすると、不思議なことにきれいに忘れていくのです。まとめてノートしたのに、読み返してみると全然記憶に残っていない、しかも自分としてあまり大事だと思えないようなことがいっぱい書いてあったりという、そんな感じなのです。それでどうしようもなくなって今ここに立っている、という感じなのです（笑）。しょうがないので、思考の経過を報告するようなことになるしかない、という状態です。

ミカエルとは何か

それでエーテルのお話はここまでにして、『ミカエルの使命』に出てくるシュタイナーにとっての「ミカエル」とは何なのか、というお話をさせていただいて、キリストの問題に入っていこうと思います。

『ミカエルの使命』は全部で六講あります。シュタイナーを学んでいると、これが決定的な講演録だということがよく分かります。『ミカエルの使命』の講演を行ったのは、一九一九年の十二月ですね。ヨーロッパにとっては決定的な年で、ちょうど今年の百年前が一九一四年ですが、その七月の末に第一次世界大戦が始まり、一八年の十一月頃に大戦が終了しました。その途方もない混乱の中で年が明けて、一九一九年になったのですね。

シュタイナーは第一次世界大戦が始まる数年前から、ものすごい危機感を持っていました。『ミカエルの使命』に詳しく書いてありますけれども、このまま行ったら人類は地球もろとも破滅に向かうしかない、ということを強く感じていました。

それが一九一二年、一三年あたりから、シュタイナーの中ですごくこみ上げてくるような想いとなって現れてきました。ですから彼の語っている内容も、当然変わっていきます。第一次世界大戦や、その時代のさまざまな社会問題についても語り始めました。『第一次世界大戦の背景』という講演録とか、『ミカエルと龍の戦い』という講演録とかの中で、シュタイナーは、技術と産業と営利主義という三つの言葉を結びつけて、「これが今世界を支配している」、と論じています。技術はますます進歩していくだろうし、産業経済はますます付加価値をつけて素敵な商品を生み出していくだろう。金融経済についてはそれほど取り上げていませんが、『ミカエルの使命』の少し前に書いた『社会問題の核心』には、お金の問題を論じたあとに、「これからはお金と同時に信用経済がますます力を持つだろう」という言い方をしています。信用経済という言葉で紙幣を金《ゴールド》と交換しなくなったあたりからの、金融経済の支配する経済のことを予見していたようです。

ついでに言わせていただきますと、シュタイナーによれば、お金はその本来の在りようからいうと、例えば二十年で価値がゼロになるような在りかたをするのでなければならない、と言っています。だから一万円手に入れたら、十年経つと五千円の価値しかなくなるのです。二十年経つと、価値がゼロになる。だから早く使えば、手に入れたときの価値がそのまま有効に働くのですけれども、貯め込むと、気がついたら価値が半分になり、ゼロになる、そういう在りようが本来のお金の在りようだというのです。今のようにお金を無限に貯め込んでも、市場経済ですからもちろんお金の価値は上がったり下がったりしますけれども、いずれにしても、貨幣価値は価値として国なり、グローバルな経済なりが保障してくれています。

しかしそれによって貨幣価値が固定化されてしまうと、経済生活が破滅のほうに向かっていく、というのです。だから技術と産業とそしてそれを支配している営利主義、ひたすら損か得かだけで判断する営利主義、それが世界を支配するようになったら、その世界は破滅するしかない、と言っています。

シュタイナーは一九一七年の頃になりますと、もう後戻りできない、人類は地球もろとも破滅するしかない、と考えるようになりました。そしてそれだったら、破滅するしかない人類や地球と一緒に、生きがいのある人生をどう過ごしたらいいのかを、今一緒に探ろう、というふうに提案しました。ですからそれ以後のシュタイナーは、破滅するしかない世界の中で生きがいのある人生をどう生きるかという一点に絞って、一九二五年までの人生をそのために語り続けてくれました。

ですから、それ以前のシュタイナーはもっと楽観的に、一人ひとりの内面生活と宇宙との関係を語っていました。かつて『ロシアの宇宙精神』という本が翻訳されたことがありますが、二〇世紀初頭のロシアには、シュタイナーに通じるようなすごい思想が現れていたのが分かります。何十人もの思想家、政治家、医者、経済学者、芸術家、哲学者たちが、時代に衝き動かされたように、地球の未来について議論して、いろんな論文をいろんな雑誌に発表していました。シュタイナーもその影響をすごく受けていたようです。二〇世紀初頭のそういう流れの中にシュタイナーも位置づけられるかもしれません。そこでは未来についての展望は明るかったのです。一九一七年のロシア革命を含めて、第一次世界大戦になったあとでは、シュタイナーの未来に対する展望もひたすら暗くなって、その暗い中で、新しい世界観を取り戻そう、取り戻すにはどうしたらいいのか、と考えるようになったのです。

シュタイナーの場合、その結果出てきた思想が「ミカエル」だったのです。シュタイナーは、破滅に向かう人類や地球の中での生きがいのあるポジティヴな働きを「ミカエル」という言葉で表現しました。ですからミカエルは、シュタイナーにとっては時代の指導霊で、ひたすら破滅に向かう二〇世紀の時代に元気を与えてくれる霊的な存在だったのです。

破滅に向かう人類のための最高の協力者としてのミカエルのことを、『ミカエルの使命』という六回の講義は詳しく説明してくれています。そこでは、こういうことをまず述べています。

今の時代は一切の価値の転換をまず必要としている、と言うのです。今までどおりの価値観だと破滅に向かうしかない。われわれの世界観の基本、あるいは価値観の基本が、自然科学に影響されていると、その価値観、世界観では今の地球は救えない、と言うのです。まったく違う価値観が必要になる。そしてその価値観を与えてくれる力として、ミカエルという言葉を使ったのです。

どういう価値観なのかというと、一切の価値の転換を可能にする価値観なのですけど、どういう転換なのかといえば、その対象は二つあります。一つは、血統とか血縁、血のつながり、要するに、民族や家族が引き継いでいる価値です。日本人なら、日本民族の中で伝統的に伝えられてきた世界観や価値観です。そこからいったん自由にならないと今の時代は生きられないというのです。

伝統に価値を置く従来の価値観から、一人ひとりの内発的な、一回限りの個性としての人間の価値観、世界観に切り替わる働き、それをミカエルと呼んでいるのです。そういう一人ひとりの想いに協力する霊的存在です。ですから伝統的な価値観に則って生活している間は、ミカエルとは縁がないのです。

家族のルールももちろん大切です。それを全部否定するわけではありません。家族のルールは家族のルールとして、民族のルールは民族のルールとして大切なのですけれども、それだけに従っていると、今の時代は生き抜くことができない、と言うのです。そこに頼るのではなく、一回限りの自分の中から出てきたものだけを頼りに生きないと、ミカエルとの縁ができない、と言うのです。

集団的な生活と、独立した一人ひとりの、自分でなければ歩けない道を歩くことは、何年か前に突然気がついたのですけれども、アナキズムとボルシェヴィズムの関係の中にその一つの典型が示されている、と思いました。日本ではその問題を大正時代に徹底的に論じています。

山川均のボルシェヴィズムと大杉栄のアナキズムとの関係が、アナ・ボル論争という形で伝えられています。大杉栄はたった一人の内発的な生き方から社会が始まる、という個に徹する立場でした。彼はベルグソンの哲学などを拠り所にして、一種の霊的な社会主義を主張したのに対して、山川均はマルクス主義の影響を濃厚に受けています。マルクス主義はその後いろいろ分裂していくのですけど、大正時代には山川均が代表的なマルクス主義者でした。

マルクス主義は、まず集団があるのですね。まず階級があり、集団があり、その集団の論理を社会科学的に研究して、その論理に従って労働運動を上から指導する、指導型の社会主義を唱えたのです。だからマルクス主義を詳しく研究している人であればあるほど指導者なのです。特定の職場で汗を流して働いている労働者の一人ひとりは、言われたことに従っていれば、いい社会環境が与えられるのですが、自分たちで勝手なことをやったら必ず失敗するから、黙って自分たちに従うべきだ、というのです。それがボルシェヴィズムです。

そういうマルクス主義とアナキズムとは一致しようがないので、ずっと論争を続けましたが、ご承知のとおり、関東大震災のときに、大杉栄のグループは虐殺されて、日本でのアナキズムの伝統は一度途絶えます。マルクス主義は生き延びて、戦後はマルクス主義が社会主義を指導するという方向に行きます。

シュタイナーの第一次世界大戦以後の思想の背後で、このアナキズムがミカエルとなって現れているのではないか、という気がしたので、ミカエルイコールアナキズムという眼で見たら、いろいろ見えないものが見えてきました。

シュタイナーは三〇代までは、自分はアナキストである、と名乗っていました。ですから、個人主義的なアナキズムの元祖であるマックス・シュティルナーを世に広めたヘンリー・マッケイというアナキストと、親友のような付き合い方をしていました。

アナキズムの精神とミカエルの思想

そういう流れの中でシュタイナーが社会問題を考えるようになったので、当然、発想はアナキズム的にならざるをえません。そういう社会思想を展開していたので、シュタイナーは、社会の根本は経済生活でも国家・法生活でもなく、社会の土台を築くのは精神生活である、とはっきり述べています。その精神生活は当然、自我から発する精神生活ですから、個ですよね。一人ひとりが唯一の基準になります。

一人ひとりが唯一の基準になる精神生活が社会生活の土台だ、という立場から、『社会の未来』という講演録を著わしたり、『社会問題の核心』という本を書いたりしました。

日本ではそのシュタイナーの『社会問題の核心』が、大杉栄が亡くなる直前に日本語に翻訳されました。ですから大杉栄は、たぶんそれを読むことなく亡くなったのでしょうけれど、その代り大川周明がその本を取り上げて、自分の思想の根本にしたのです。

「大川周明全集」が中央公論社から出ていますけど、その中に、精神生活における自由とか、経済生活における友愛とか、法生活における平等とかというシュタイナーの根本的な社会思想を伝えている論文が三つ出ていたり、別なところでも「自分が一番影響を受けたのは、西洋ではルドルフ・シュタイナー、日本では佐藤信淵だ」と言っていたりするくらいシュタイナーの影響を受けていました。でも戦前の日本でのシュタイナーの影響は、それ以外は結局ほとんど残っていません。戦後も、学校教育の中でシュタイナーが評価されるようになったときも、アナキズムと結びついたシュタイナーは、ほとんど日本でもヨーロッパでも、あまり問題にされずに来ました。

それでもアナキズムの精神は、ミカエルの思想となって甦ります。そのミカエルは現代の価値観を根本的にひっくり返そうとします。その価値転換の第一は、さっき言いましたように、血統に頼らないで、個人一人ひとりの内発的な生き方に従う価値観、人生観の確認です。もうひとつは、ヨーロッパでは、自然科学的な世界観が唯一の客観的に意味があるものと考えられるようになってきて、一九世紀になると、特に自然科学のあらゆる分野で大きな進歩を遂げました。だから自然科学的でない考え方はすべて科学的に根拠がないものと考えられるようになってきたのですが、ミカエルがそれをひっくり返すのです。

物質と精神、それは対立するものではなく、一つのものなのだ、しかもすべての物質は精神によって生みだされたものなので、存在の根源は物質にあるのではなく、精神にある。そういう立場から一切の価値を転換させるのです。

しかし、この価値の転換はものすごく難しいことで、それを主張するのはほとんど学問をあきらめるのと同じことになります。要するに、アカデミズムから問題にされないことになります。アカデミズムで問題にされない思想をアカデミズムに、あるいはアカデミストに納得させるということがシュタイナーの第一次世界大戦以後の大きな課題になったのです。

ですから、社会問題を論じたシュタイナーの本を読むと、基本はマルクス主義批判なのです。自然科学的な社会観のおおもとであるマルクス主義を精神生活の立場から批判しているのです。道徳的な価値は絶対に唯物主義から、あるいは自然科学からは生まれない。現在通用している道徳思想はすべて、道徳の衣をまとった偽物だ、というのです。言い換えると、既存の社会により良く適応できるものを道徳と呼んでいて、既存の社会を根本的にひっくり返す本来の道徳は、まったく問題にされないでいる、という前提で社会問題を語るのです。

しかも合理主義の教育を受けている人びとに納得してもらうということを前提にして論じているので、シュタイナーの文章は、一つひとつ本当に血がにじみ出るようなものになっています。今言いました矛盾の上に立って論じたり、書いたりしているので、なんかぎりぎり切羽詰まった感じなのです。特に第一次世界大戦以後の文章は、そんな感じがすごく強いです。

このようにミカエルの使命は、価値を根本的にひっくり返すところから始めているのですけど、そのミカエルの主張の根拠になっているのは何なのかというと、それはシュタイナーにとっては生命《いのち》以外にないのです。生命の問題は、一九世紀の自然科学では歯が立たなかったのです。どんなに実験室で研究を重ねても、生命を生みだすところにまでは到らなかったのです。今でもＳＴＡＰ細胞というのは、まだ作られていません。いまだにあるかないか分からない状態に留まっています。そもそも生命とは何かということを自然科学的に証明するというのは、前途遼遠ですよね。

しかしシュタイナーはいきなりその生命《いのち》から出発します。そのためには感覚を変えようというのです。今までの感覚体験とは違う感覚体験を持つことができれば、自然科学的な世界観が転換できると思ったのです。

新しい感覚体験

今までとは違う感覚体験、どんな人にも納得できる感覚体験、しかも今までの感覚体験ではまったく歯が立たないような感覚体験、それをシュタイナーが、ほんとにいのちを賭したような形で論じたのですけども、そのとき出てきたのが先回の「神秘学の現在」の中で取り上げさせていただいた「炎を見る」という実験です。

先回聞いてくださった方は覚えていらっしゃると思いますけど、夜、自分の部屋にいて、ほかに人がいない部屋を真っ暗にして、ロウソクに火をつけるのです。そのロウソクの火をじっと見ていて、しばらくして、ロウソクの炎を消し、消した後で目をつぶって、前のほうを見ていると、その炎の残像が現れ、形を変えながら次第に消えていきます。

この体験をシュタイナーは新しい感覚体験の出発点に置こうとするのです。その炎を消した後の残像と似ているものを、エーテル的な感覚体験と言おうとしているらしいのです。そうははっきり言っていませんけども。

でも、それを二度も繰り返して『ミカエルの使命』の中で述べているのは、シュタイナーが言う新しい感覚体験は、残像の中に具体的に現れている何かだから、らしいのです。何を見ても残像が一緒に見えている、と。空を見ても、銀杏並木を歩きながら銀杏の葉を見るにしても、向こうから歩いてくる人の姿を見るにしても、そこに感覚的に知覚している対象ではないイメージが、いつもそれと一緒に見えている、というのです。

この部分の新しい感覚体験は、すごくイメージしにくいと思うのですけど、自分の中であれこれ感じてみたときの、シュタイナーの言う生命的な感覚体験というのは、こんなふうに言えるような気がするのです。

私たちの内面世界は内なる外界から成り立っている。内なる外界というのは何かというと、記憶の世界のことです。例えば、今日私がある人と出会って、話をしたとします。その人と別れたあとでも、その人の印象は記憶になって残っていますよね。私の中には生まれてから現在までの無数のさまざまなそのような記憶が残っています。この内なる外界という言葉も確かシュタイナーが使っていたと思いますけど、自分の内面に外界があるのですね。

その外界はほとんどが記憶のイメージとして存在していますけど、外界ですから変えようのない何かです。この内なる外界に関してシュタイナーが面白いことを言っています。考えたことのないものは記憶に残らない、と言っているのです。記憶に残るのは必ず考えた結果なのだ、と言うのです。

ほんとにそうかどうかということを考えていて、あるとき気がついたのですけど、私は家を出るとき、ドアに鍵をかけて外に出るのですけど、ドアに鍵をかけるときに意識して、つまりそのことを考えながら鍵をかけていないときは、外に出たあとで、今鍵をかけたか、かけなかったか、思い出せないのです。どうするかというと、しょうがないから戻って確かめます。確かめるとだいたい鍵がかかっているのです。それに気がついたあとは、必ず鍵をかけるときは、今自分は鍵をかける、と言い聞かせて鍵をかけるようにしています。そうするとあとで鍵をかけたことを覚えているのです。

シュタイナーはそのことを、考えなかったことは記憶に残らない、と言っているのです。彼は、現在の私たちが前世のことを思い出せないのは、前世において自分の人生を考えていなかったからだ、とさえ言っています。

それでは前世において考えた人は今どうなっているかというと、そういう人は大勢いるのですけど、そういう人も前世があるとは思っていないのですから、自分のこころの中の社会と今実際に自分が生きている社会との間がこじれている、と言うのです。

「こじらせ女子」という言葉が数年前に流行語になりましたけど、こじらせ女子の場合は、周囲ともこじれているのですけど、自分ともこじれているのですね。そういう状態を体験している人は、前世の記憶のある人なのかもしれません。前世の記憶が自分のこころの中に残っている一方で、今の、現世の社会が生まれてから目の前にあるのですが、自分の中の社会と外の社会、自分のこころの中の自分と目の前にある自分の折り合いがつかない。だから自分ともこじれるし、社会ともこじれる。そういう人は前世の記憶の残っている人のことではないか、とも考えてみましたが、どうでしょうか。

エーテル的な感覚体験というのは、目を開けて物を見ながら、同時に見ている対象と自分が一つにつながっている自分をも体験する、というものです。

前にも何度かお話ししたと思いますけど、ここにペットボトルがあります。このペットボトルを物質的な感覚、肉体の感覚で見ると、ここにペットボトルが見えます。CRYSTAL GEYSER

という文字と、アルプスのような山が描いてあります。そのペットボトルに水が入っています。これは自動販売機で買うと、大きめのペットボトルなので一二〇円位だろう、そんなふうに考えてペットボトルを見ているのであれば、唯物的な感覚体験に留まっています。

エーテル的な感覚体験になると、これを見ているうちに、その姿が健気《けなげ》に見えてくるのです。一生懸命存在しようとして存在している、誰かに飲んでもらいたいと思って存在しているのです。これを何人かの人が、設計して、工場で大量生産して、一つの立派な商品として生みだしてくれている、なんか自分と縁ある存在だ、同じ時代、同じ場所を共有している仲間だ、と思ってこれを見ると、エーテル的な感覚体験になってくるのです。

ですから、芸術的な感覚体験はシュタイナーにとってのエーテル体験と同じで、対象との間に縁が出てくるのです。例えば、仏像の前に立つとき、仏像は、下から見上げないと目線が合いません。美術館で、同じ目線で向きあって見ると、仏像がなかなか語りかけてくれません。しゃがんで下から見上げると、不思議に目線が合うのです。

それはともかくとして、仏像の前でじっと立っていると、いつか語りかけてくれるので、語りかけてくれるのを待つことができます。それで仏像との縁ができて、何か気持ちが通じたという感じをもって、お寺から戻ってくるのが、本来の仏像体験ですよね。それを知的に、これは平安時代のものかとか、鎌倉時代のものかとか、そんなふうに上から目線で評価するのでは縁はできません。なぜかというと、歴史科学的な感覚で見ているからです。

シュタイナーの言う第二の感覚は、見ることで縁ができる感覚です。なぜかというと、見ている自分の中から何かが、いのちが相手のほうに流れていって、相手のほうからは天地創造の宇宙叡智のようなものが、カタチを通して自分のほうに流れてくるという、一種の共体験だからです。シュタイナーはそういうエーテル的な知覚の上に立つ学問もありうると考えて、その学問を神秘学と呼んだのです。

ですから神秘学は、そもそもの出発点として、新しい感覚体験から始まるのです。従来の感覚体験の上に神秘学を考えてもダメなのです。世界のすべてが芸術作品になって、芸術作品を見るのと同じように驚いて、感動して、そして縁ができる、という感覚体験を前提にします。だから、いのちを共有しあう学なのです。

こういう体験の上に立つ学問が今また必要になっている、とシュタイナーは考えて、その学問を神秘学と呼んだのですが、私には、本来あるべき美学というのは、こういう在り方をしているのではないか、と思えます。美学も感覚体験から始めないと美学になりませんが、誰でも同じ感覚体験をしているというところから安易に始めてしまうと、結局抽象的になり、空回りしてしまうような気がするのです。

とはいえ、こういうエーテル的感覚体験は、どんな人もみんな知っていますよね。人と会うときはエーテル感覚で会っているはずだし、美術館に行って作品の前に立つときも、コンサートホールで音楽を聴くときも、エーテル感覚で体験していますよね。

だからみんな知っているのですけど、この感覚を学問の土台に据えようという科学は、美学以外、あるようでありません。

しかしそれを神秘学と言うと、神秘学嫌いの人も結構いるので、言葉にアレルギーを起こしやすいのです。

私のキリスト理解

……すみません、気がついたらあと時間が八分位しか残っていません。八分間でキリストの話をさせていただいて（笑）、今日の話の締めくくりにしたいと思いますけど、さっき言いましたように、シュタイナーはヨーロッパで話をしているので「キリスト」なのですけども、キリスト教世界ではないところでは、別の名前でもいいはずですね。

シュタイナーは情熱家ですので、キリスト教でなければいけない、と言うようなことがあり、それが講演録として残っているのですが、別なところでは、キリストという名前は人間が勝手につけた名前であって、キリストが自分でつけた名前ではない、ということも強調しています。

では、キリストとは何かというと、天上から地上に降りてきた神のことです。神様というのはこの世のものではないのですが、この世の存在ではない神様が人間となって、この世と縁をつけてくださったとき、その神様をシュタイナーは「キリスト」と呼んでいるのですね。ですから仏教の仏《ほとけ》は、どんな仏も、シュタイナーの立場からすると、キリストなのです。大日如来というキリストなのですね。

私は宗教ですと大乗仏教に縁がありますから、大乗仏教の本を読んでいますが、ご承知の通り、大乗仏教の本はわりと最近まで、やたらと難しい言葉ばかり使っていました。余計なことを言うようですけど、大学にいたときに仏教の勉強をしようと志したことがありました。それで図書館に行って、まず仏教の入門書がいいだろうと思って、仏教原論を借りて、読み始めましたら、信じられないくらい難しいのです。

なんて書いてあるかというと、「仏教というのは、空をもって空を空することである」と書いてあるのです（笑）。それで、そこから先へ進めなくなってしまいました。せっかく仏教に深く入りたいと思っていたのに、簡単に挫折させてしまう、簡単に「分かった」と思ってもらっては困る、というのが、おそらく明治から大正・昭和初期までの仏教だったのではないでしょうか。戦後になりまして、誰でも読める仏教書を例えば春秋社のようなところでいろいろ出してくれるようになり、そのおかげで身近になってきました。現代語訳のお経もいろいろ出ています。

私も現代語訳お経の勉強会を始めたことがありました。そうしたらある人がお経を現代語で読むなんてまったく不敬もいいところで、そんなことは仏教に対する冒瀆だ、と叱られたことがありました。簡単に分かられては困る、ということだと思いますが、実は分かれば分かるほどすごいのが仏教ですよね。

上から降りてきて地上で人との縁をつけてくれる神様のことを「キリスト」と言う、と私は理解しています。ですからその働きに協力してくれるミカエルは、仏教で言えば「明王《みょうおう》」なのですね。代表はたぶん不動明王だと思いますけど、字引をひくと、明王は恐ろしい顔で人間の中の悪魔をやっつける役割みたいに書いてありますが、同時に明王の「明」は叡智で、叡智の王のことであり、マントラのことでもある、と書いてあったのでびっくりしました。明王とはミカエルのことだ、と納得しました。キリストは神様の世界から地上の世界に移ってこられて、人間となり、自分とこの世の世界との間に縁をつけてくださった方、ということになります。だからこの世が乱れて、悪が栄えると、神様、キリストも悩みます。その悩んだ原点が、十字架上にはりつけにされた神の姿ですので、シュタイナーにとってゴルゴタの秘跡は、この世に縁をつけてくれて、この世のために悩み苦しんで死を体験してくれた神様の秘儀であると説明しているのです。

ですから私たちは誰でもキリストと縁があります。神様が縁をつけてくださったのです。その通りのことが、柳宗悦さんの『南無阿弥陀仏』に書いてありました。「開かれつるに叩くとは」と書いてありました。「叩けよ、さらば開かれん」ではなくて、すでに門は開かれている、霊界と現界はもう通じ合っている。もっと言えば、この世が霊界なのだ。霊界とはこの世のことなのだ、というところまで来ている。われわれが生きているこの世が神の国なのだ、ということなのですね。仏教ではそれを「大《たい》願《がん》成《じょう》就《じゅ》」と言っています。

私にとってのキリスト理解は基本的に以上のような感じです。よかったらみなさんのご意見も是非聞かせてください。私の話は以上です。どうもありがとうございました。

（二〇一四年一二月一四日）

6 シュタイナーのアナキズム

今日も一年の終わりに、シュタイナーの根本問題をいっしょに考えたいと思います。今日のテーマは、シュタイナーの原点であるアナキズムを通して、シュタイナーの思想とは何なのか、を考えることです。

今年（二〇一二年）関東大震災から九〇年、東日本大震災から二年近くになりますが、ここ数年来、アナキズムの問題がいろんなところで見直されつつあるようです。今お配りした資料は、実は最後の六行だけ読んでいただければいいくらい、最後の六行が問題なのです。この資料は今年のはじめの頃に出た大杉栄についての本から採ってきました。その本はあとで回して見ていただきますけれども、新刊書ですから簡単に手に入ります。

販元の土曜出版社は、数年前に、出版にあまり関係のない人が始めた出版社だそうですが、そのときお金があまりかからないで、しかもある程度売れる本を出そうと思って考えたのが、大杉栄の本だったのだそうです。そのおかげで同出版社から、『自叙伝』とか、『日本脱出記』とか、今、千円足らずで手に入るようになりました。

アメリカでも、チョムスキーがアナキストとしての立場から、二〇世紀、二一世紀の時点でのアナキズムの意味を論じていますが、その本も最近翻訳されています。

ついでに私の個人的な話をさせていただきますと、私にとってそもそも一番大事なのは、縁なのです。よく人間関係がタテの関係とヨコの関係で語られますが、タテもヨコも関係なしに結びつくのが縁だと思います。縁があるというのは、「それは私のことだ」と言える関係だとも思っています。ある人と縁が出来れば、その人が私だし、その人にとって私もその人の一部分です。鈴木邦男さんは、小学生に愛国心の教育を受けさせる話にふれて、そんなものは学ぶことではない、「愛国心とは僕のことだ」と言っていればそれで済む、みたいなことをどこかで書いていました。愛国心も縁なのです。縁があれば、相手は私のものになるのです。上であろうが、下であろうが、横であろうが、紙の上での出会いであろうが、そういう「縁」の思想が日本には昔からあったと思うのです。

アナキズムの縁

私にとってのアナキズムにも、いろんな縁があります。みんなとても小さな縁なのですけれど――縁というのはだいたい小さなところから始まるのですね――、余計なことですけれど、つい思い出したので言わせていただきますと、最近のアナキズムと私の縁というのは、何年か前に突然アナキストの奥沢邦成さんから手紙をもらい、「僕の友人が高橋巖さんにぜひ自分の書いたものを読んでもらいたいと言ってきたので送ります」と書かれていました。「あなたの『アナキズム』誌に載せた論文が素晴らしかった、とその友人が言っておられた」と。その方の書かれた大澤正道さんの『国家と社会』の書評が同封されていました。その書評は素晴らしい論文で、文章もすごくいいです。内容は、大澤正道さんが国家を肯定した論文を書いたことに対する反論でした。

ところが、この話、私にとっては、ぜんぜん思い当たるところがなかったのです。奥沢さんに電話しまして、ぜんぜん思い当たらないのですが…、と言ったのですね。それで調べてもらったら、高橋巖という同姓同名のアナキストが別にいたのです。今活躍されている方です。そういう縁がひとつです。

もうひとつの縁は、私が大学に入った頃に、何か社会的な運動に参加したくて、大学の共産党の細胞の部屋に出かけて行って、何かやりたいんですみたいなことを言いましたら、出てきた先輩が話を聞いてくれました。あるときアルバイトがあるからやらないか、と言われて、北里研究所というところで、いろんな危険な瓶の入っている箱を運搬する肉体労働をやったことがあるのです。昼休みに卓球台があったので、その先輩たちと卓球をやっていたら、その相手の構えが、すごく記憶の中に残っている構えだったのですね。

そうしたら、私が小学校一年生の頃、三月の末になるといつも家中で出かけていっていた熱海の温泉旅館で、何年か年上のお兄さんといつも卓球をやったときの、そのお兄さんの卓球の構えと同じだったのです。なんか不思議な気がしたので、その人に、あなたの卓球の構え方に記憶があるけれど、昔こういう旅館に行ったことありませんか、と言ったらびっくりされて、とたんに仲が良くなって、いろいろマルクス主義の指導をしてもらったのです。

最近、例の『黒旗水滸伝』全四巻の二巻目のあとがきにすごく立派なアナキズム論を書いてくれているのが、その卓球をやった相手だったのです。栗原幸夫さんという評論家として活躍されていた方です。『黒旗水滸伝』は、上段がかわぐちかいじさんの漫画で、下段がエッセイ。そのエッセイを書いているのは竹中労さんです。すごく面白くて、ためになるアナキズムの歴史です。これも最近、私の中で出会ったアナキズムとの縁のひとつです。すみません、余計なことばかり言って。

先ほどお配りしたコピーは、この本（『大杉栄——日本でもっとも自由だった男』）から取りました。今年の春、出た本なので、興味があればご覧になって下さい。ここで大杉栄を論じているのは、佐野眞一さん——佐野眞一さんがここに出てくるとはちょっと思わなかったのですけれど——、雨宮処凛さん、豊田武さん、鈴木邦男さん、あと瀬戸内寂聴さん、宮崎学さん、加藤登紀子さん、いろんな方がエッセイを書いていますが、大杉栄自身の代表的なエッセイも入っています。

それで今日は、まずアナキズムについての私の考え方を言わせていただいて、それからシュタイナーの社会思想に入っていこうと思っていたのですけれど、アナキズムの勉強をしているうちに、何かいろんなことを考えました。まず考えたのは、アナキズムは外から一般的な仕方では論じられないものだ、ということでした。シュタイナーの人智学も、一般的な仕方では論じられるものではなく、日本の人智学とか、私の人智学だったらありなのですけれど、普遍妥当的な世界観なりイデオロギーなりとしての人智学というものはありえません。それがシュタイナーの立場でした。

つまりイデオロギーとしてではなく、道具としての人智学なのですが、大杉栄を読んでいるときに、大杉栄の文章の中にも、ヨーロッパやアメリカにはアナキズムとかサンディカリズムとかボルシェヴィズムとか社会民主主義とか、いろいろな思想の系譜があって、それぞれその道を歩いている人がいるけれども、われわれは日本の道を辿るしかない、という文章がありました。そのことを踏まえてアナキズムを語るのだったら、クロポトキンとかバクーニンとかプルードンとかを概念として語るのではなく、それだと一般的になっちゃうものですから、ここでは日本のアナキズムを語るしかない、とつい最近、ぎりぎりになってから思いつきまして、今日は、大杉栄とシュタイナーとの密接な関連を述べたい、と急に考え方が変わりました。

大杉栄、三つのキーワード

大杉栄は明治一八年に生まれ、関東大震災の年、大正一二年に亡くなりました。大正一二年というと一九二三年、明治一八年というと一八八五年ですね。シュタイナーが生まれたのが一八六一年ですので、二四歳ぐらい年下で、シュタイナーが亡くなったのが一九二五年、大杉栄の死の二年後で、活動の時期が完全にだぶっているのです。シュタイナーの活躍した二〇世紀の一〇年代は、大杉栄の時代でもあります。

そんなことで、同じ時代を日本とドイツで生きた二人の、何か時代の共通性というのも感じられますが、何よりも、内面の世界がすごくだぶるというか、通じ合っているのですね。それで、あらためて大杉栄のことを真剣になって読み直していたのですけれど、とても大事な問題がいくつか出てきました。それで、いつもはノートを見ないで話すように心がけているのですけれど、今日はぜひ大杉栄の文章を読ませていただきたいと思って、ノートしてきました。そうでないと大杉栄のすごさが伝わってこないのです。

さっそく読ませていただきます。私の大杉栄についてのキーワードは三つあります。ひとつは「精神」という言葉で、もうひとつは「気分」という言葉、もうひとつは、自分だけの道を歩むという基本的な姿勢で、それを「僕」と言っています。その三つを中心にした文章を集めてみました。アナキズムって何ですか、と大杉栄に訊いたら、たぶん、それは僕の精神のことです、とか、僕の気分のことです、とか言っただろうと思うので、その辺りのところから読ませていただきます。

しかし僕はまた、まだはっきりした理論にならない気分に興味をもたないような、いわゆる理論家ではない。気分が理論を生むのだ。理論で負けてもまだ気分がゆるさない、というのが普通なのだ。それじゃあ腹の虫が承知しねえ、というのがそれだ。理論はいつでも作りかえられる、しかし気分はそう容易に作りかえられるものではない。この点では理論よりもむしろ気分のほうが大事だ。

これは大正一一年（一九二二年）、亡くなる一年前に『改造』という雑誌に出した「理想主義的現実主義」という論文の一節で、これに反論したのが山川均さんでした。そしてそこから山川均と大杉栄のアナ・ボル論争に展開していくのです。その少し前、一年前の一九二〇年、彼が自分で出した『労働運動』という雑誌に、「社会的理想論」［共通のテーマですよね］を寄せていますが、その一節も読ませていただきます。これも大杉栄のことがよく分かる文章だと思うので、少し長めですけれど。

大切なのは労働条件改善のための努力の中に、それよりももっと強くその心中に湧いてくる自由の精神に目覚めること。人生とは何ぞや、ということは、かつて哲学史上の主題であった、そしてそれに対する種々の回答がいわゆる大哲学者らによって提出された。しかし人生は決して予め定められた、すなわちちゃんと出来上がった一冊の本ではない。各人がそこへ一字一字書いていく白紙の本だ。生きていくそのことが、すなわち人生なのだ。労働運動とは何ぞや、という問題にしても――社会思想とは何ぞや、という問題にしても――、やはり同じことだ。労働運動は労働者にとっての人生問題だ。労働者は、労働問題というこの白紙の大きな本の中に、その運動によって一字一字、一行一行、一枚一枚ずつ書き入れて行くのだ。

私たちにとって、社会問題というのは大きな白紙のことだ、というのですね。私たちが毎日生きること、そのことによってその白紙の上に、一字一字、一行一行、一枚一枚書いていく、それが社会問題だ、という思いが大杉栄の社会思想の根底にあるのですね。だからアナキズムとは何か、と訊かれたら、きっと精神であり、気分である、と答えただろう、と思ったのです。このエッセイはさらに続きますが、次もすごいのです。

観念や理想は［例えばアナキズムとか人智学とかという思想は］、それ自身がすでにひとつの大きな力である、光である。しかしその力や光も、自分で築き上げてきた現実の地上から離れれば離れるほど、それだけ弱まっていく。すなわちその力や光は［アナキズムや人智学という観念や理想の力や光は］、そのほんとうの強さを保つためには、自分で一字一字、一行一行ずつ書いてきた文字そのものから放たれるものでなければならない。

すごいですよね、こういうのを読むと大杉栄のファンになっちゃいます。

労働者がその建設しようとする将来社会についての観念、理想についても、やはり同じことだ。無政府主義や、社会民主主義や、サンディカリズムや、またはギルド社会主義の将来についての観念や理想は、あるいはヨーロッパやアメリカの労働者自身が築き上げてきた力や光であるかもしれない。彼らはその力と光とのもとに進んで行くがいい。しかしその観念や理想は日本の労働者が今日まで築き上げてきた現実とはまだだいぶ距離がある。僕らはやはり僕ら自身の気質と周囲の状況とに応じて、僕らの現実を高めることに努力しつつ、それによって僕ら相応の観念と理想とを求める他はないのだ。

私はこれを読んでいて、ほとんど人智学のことを言われているという感じがしたのです。今のは一九二〇年の『労働運動』ですけれど、もうひとつすごい文章に出会いましたので、これもついでに紹介させていただきます。『征服の事実』というエッセイの一節です。

ゲオルグ・ブランデスが述べている。——

いきなりゲオルグ・ブランデスと書いてあってびっくりしたのですけれど、ゲオルグ・ブランデスは、私が学生の頃、ドイツ・ロマン派に一時《いっとき》はまってドイツ・ロマン派ばかり気になっていた頃に、『独逸浪漫派』（邦訳）という本を書いていてくれました。それからニーチェに関心が出てきたときには、彼はニーチェを最後まで見捨てないで激励した友人でした。そういうゲオルグ・ブランデスが、大杉栄にとっても大事な著者だったのです。

　少なくともヨーロッパの四大国民の名は外国の名である。フランスはライン川の西岸にいたフランク人に由来し、フランス人の祖先であるケルト人とは関係のない名前である。イギリスはもとドイツの一地方から来た名前で、アングロサクソン民族とは血族上関係のない名である。ロシアは北方起源で、スカンディナビアの一民族であるロゼルの変化したものだ。プロシアはプロイセンというスラブの一蛮族の名で、一二世紀末にドイツに入ってきた。［そういうゲオルグ・ブランデスのエッセイを読んでいて］征服！　と僕は叫んだ。社会は、少なくとも今日の人の言う社会は、征服に始まったのである。カール・マルクスとフリードリッヒ・エンゲルスがその共著『共産党宣言』のはじめに言っている。由来、一切社会の歴史は階級闘争の歴史である、と。けれどもこの階級闘争以前に、またそれと同時に、種族の間の闘争があった。そしてそこにこの征服という事実が現れた。政治！　法律！　宗教！　道徳！　軍隊！　警察！　裁判！　議会！　哲学！　文芸！　その他一切の社会制度。

　そして両極たる征服階級と被征服階級との中間にある諸階級の人びとは、原始時代のかの知識者と同じく、あるいは意識的に、あるいは無意識的に、これらの組織的暴力と瞞着

> との協力者となり補助者となっている。

　これを読んだとき私は、今の日本の社会もやっぱり同じだと思いました。私たちは征服する側と征服される側の中間に立っている、しかもそのことをぜんぜん意識していない分、質が悪い、とあらためて思わされたのです。続いてこんな文章もあります。

> 　文芸の徒よ、この征服の事実と、及びこれに対する反抗とに触れざる限り、諸君の著作は遊びであり、戯れである。

　ここで、いきなり社会問題が美学に転化するのです。

> 　われわれをしていたずらに恍惚たらしめている静的美は、もはやわれわれとは没交渉である。われわれはエクスタシーと同時にアンツージアスムス［これはフランス風に読んだ熱狂だと思います。エクスタシーは恍惚ですよね。恍惚と熱狂］を生ぜしむる動的な美に憧れたい。われわれの要求する文芸は、かの事実に対する憎悪美と反逆美との創造的文芸である。

これは一九一三年、二八歳のときの言葉です。

シュタイナーとの共通項

こういう文章を読んでいると納得できるのですが、大杉栄はアナキズムを掘り下げていくうちに、ベルグソンに出会うのです。そして生命の思想に出会います。大杉栄の生命論は、私にとって大杉栄そのものに見えてきましたので、その部分も読ませていただきます。最初は一九一七年の『生の拡充』というエッセイの一節です。

征服の事実がその頂点に達した今日に於いては、階調はもはや美ではない。美はただ乱調に在る［瀬戸内寂聴さんを思い出しますね］。階調は偽りである。真はただ乱調にある。今や生の拡充は、ただ反逆によってのみ達せられる。新生活の創造、新社会の創造は、ただ反逆によるのみである。僕は僕自身の生活に於いて、この反逆の中に無限の美を享受しつつある。そして僕のいわゆる実行の芸術なる意義もまた、……

大杉栄は実行の芸術と呼び、シュタイナーは生活芸術と呼び、シュタイナーの影響を受けた造形芸術家、ヨーゼフ・ボイスは社会芸術と呼んでいます。社会論をつきつめると美学になり、美学をつきつめると生命論になる、という点は、シュタイナーと大杉栄は、まったく一致しています。

> 僕は僕自身の生活に於いて、この反逆の中に、無限の美を享受しつつある。そして僕のいわゆる実行の芸術なる意義もまた要するにここにある。実行とは生の直接の活動である。

生命を生と呼ぶ生命の思想は、戦後のことかと思ったら、大正の末期に、すでに生という言い方をしているのですね。

> 科学的洗練を受けた近代人の実行は、いわゆる「本気の沙汰ではない」実行ではない。前後の思慮のない実行ではない。無思慮の実行ではない。多年の観察と思索から、生の最も有効なる活動であると信じた実行である。［ここからがすごいのです］実行の前後はもちろん、その最中といえども、なお当面の事件の背景が十分頭に映じている実行である。
>
> 実行に伴なう観照がある。観照に伴う恍惚がある。恍惚に伴う熱情がある。そしてこの

熱情はさらに新しき実行を呼ぶ。そこにはもう単一な主観も、単一な客観もない。主観と客観が合致する。これがレボリューショナリイとしての僕の法悦の境である。芸術の境である。かつこの境に在る間、かの征服の事実に対する僕の意識は全心的に最も明瞭なる時である。僕の自我は、僕の生は、最も確実に樹立した時である。そしてこの境を経験する度ごとに、僕の意識と僕の自我とはますます明瞭に、ますます確実になっていく。生の歓喜が溢れていく。

「境」を私は、シュタイナーを訳すときは、「境域」と訳しています。境域の守護霊の境域です。シュタイナーは現実世界、物質の世界と、生命の世界、エーテルの世界との間に境域があるということを、いつでも力説しているのですけれど、大杉栄もまったく同じで、物質の世界と生命の世界の間を「境」と呼んでいて、その境に立ったとき、僕は恍惚感を味わうのだ、熱情を感じるのだ、そこで生の歓喜を体験するのだ、と言っているのですね。ほとんど神秘主義なのです。どのぐらい神秘主義かということを考えようと思って、『自由の哲学』もノートしてきました。『自由の哲学』の中で私にとって特別大事にしている一章です。文庫版『自由の哲学』の一八〇ページから一八一ページにかけて、どれくらい大杉栄と同じかということを示す例として読ませていただきます。

どういう場合に人間の行為が道徳意志から現れてくるかを理解しようとするにはまずはじめにこの意志と行為との関係に眼を向け、この関係が規定的な意味を持つような行為を見つけ出さねばならない。

ここで道徳意志と呼んでいるのは、後にシュタイナーが社会意志と呼んでいるものと同じだと思うのです。行動するとき、まず意志が行動を決定します。ですから、「どういう場合に人間の行為が道徳意志から現れてくるか」、その道徳の行為の出発点を理解しようとするには、まずはじめにこの意志〔道徳意志、社会意志〕と個々の行為との関係に眼を向け、この関係が規定的な意味を持つような〔意志と行為との関係が、どうしても新しい行為を促すようなきっかけになる規定的な意味を持つような〕行為を〔そのきっかけを〕見つけ出さねばならない。そう冒頭に書いてありまして、

そのような行為を後から反省してみるとき、どのような道徳原則がそこに働いていたか知ることができる。

ここからなのですね。今のはいわば序論みたいなものなのです。ここからシュタイナーはや

たらと、私は、私は、と言い始めるのです。シュタイナーも興奮してくると、「私は」、「私は」、になるのですけれど、これを大杉栄に即して、全部、「僕」に変えてみます。僕でいっこうかまわないと思うのです。ドイツ語には私も僕もないですから。今読んだところの、すぐそれに続く部分です。

　僕が行為している間、道徳原則［社会原則］はもっぱら直観となって僕の中で働いている。

大杉栄と同じことを言っていますよね。ただ観照と直観の違いだけです。「僕が行為している間、道徳原則は［大杉栄だったら、アナキズムとかサンディカリズムとかという理論であったり観念であったりするのですけれど］、それは［もっぱら直観となって］行動の前と後でも、行動の間でも、ここでは僕が行動している間［僕の中で働いている］直観となって道徳原則が行為している［僕の中で働いている］」。まったく大杉栄と同じなのです。

　そうでなければ、その道徳原則は僕を突き動かさない。それ［その道徳原則］は僕が行為を通して実現しようとする対象への愛と結びついている。

シュタイナーはここで愛という言葉を持ってくるのです。大杉栄は熱情という言葉を持ってきていました。でも、同じことなのですね。でもシュタイナーには、今、時代が叡智のコスモスから愛のコスモスに移行しつつある大きな一大価値転換の時代を生きている、という基本的な発想があります。新しく価値が転換をするとき、かつては叡智であり世界観であったものが、今はすべて愛に変わりつつある、というのです。そういう思想が人智学ですよね。

それ「その道徳原則」は僕が行為を通して実現しようとする対象への愛と結びついている。……対象への愛に従うときにのみ、僕は行為する主体であることができる。

対象を愛しているときだけ、僕は行為する主人公でありうるのだ、とシュタイナーは強調しています。言い換えると、僕が主体であるということは、僕が愛しているということだ、というのですね。

僕は自分の行動の外的原則を必要としない。なぜなら僕自身の内部に行動の根拠を、行為への愛を見出したのだから。

この辺は大杉栄かシュタイナーか、分からないですよね。続けて読みますと、

僕が行動するのは、それを愛しているからである。愛に浸った僕の直観が直観的に体験されるべき世界関連の中に正しく存在しているとき、その行為は「善」になり、そうでない場合の行為は「悪」になる。

道徳を論じているところですので、善と悪の問題になっていますけれど。その行為は「善」になり［その行為は「生命のあるもの」になり］、そうでない場合の行為は「死んだもの」になる、と言い換えてもいっこう差し支えのないものだと思います。続いて、

僕を直接導いているのは、一般的な慣習や普遍道徳や一般人間的な原理や道徳規範などではなく、行為に対する僕の愛である。

ここも、僕を導いているのは人智学やアナキズムなどではなく、行為に対する僕の愛である、と読めます。続いて（一九〇頁）、

自由よ、君は人間的で親しみやすい名前だ。君は僕の人間性がふさわしいと考えるすべての道徳的欲求［愛］を取り上げ、僕を決して他人の従者にしようとはしない。

ここで『自由の哲学』の場合にも、服従ということが出てくるのですね。支配と服従です。先ほど配っていただいた一番最後の六行です。

自由よ、君は僕を決して他人の従者にしようとはしない。君は法則を打ち建てるばかりでなく、僕の道徳的な愛そのものが法則となり得ることを願っている。

僕の愛が人智学となり得ることを願っている。僕の愛がアナキズムとなり得ることを願っている。

なぜなら愛は、いかなる強制的な法則の支配をも、不自由と感じるからである。

これが『自由の哲学』の一九〇ページの部分ですが、『自由の哲学』の一番のポイントになる部分がここで語られていると思っています。

こう考えますと、シュタイナーの人智学も、大杉栄のアナキズムも、抽象的普遍的な原則ではなくて、一人ひとりの日常の行動のひとつひとつ、一字一句から立ち現れてくる光と力だ、と言っていることが分かります。

そのことをシュタイナーは、ずっと後年の一九一〇年代から亡くなるまで、一貫して言い続けているのです。なぜここのことを強調したいかというと、シュタイナーが亡くなった後で、人智学は普遍的人智学になっちゃったのです。どこの国でも人智学は同じ人智学で、普遍妥当的な真実を語ってくれている、というふうに思うような普遍人智学協会になっちゃったのですね。これだとアナキズムでも、シュタイナーの『自由の哲学』でもなくなって、一種のボルシェヴィズムになっちゃうのです。マルクス主義はどこの国でも普遍妥当的に適用するということができなければならない、というボルシェヴィズムです。シュタイナーの人智学も、どこの国に行っても同じ人智学が適応できるのだ、と考えると、人智学もボルシェヴィズムになっちゃうのです。もちろんアナキズムではなくなっちゃうのです。

何が言いたいのかというと、シュタイナーの著作を、それぞれがそれぞれの言語で読み取った後はじめて、人智学はそのつど生まれてくるということです。そのとき生まれてくる人智学だけに力と光があるのです。本の中にあるのは、まだ譜面の中にある単なる音符にすぎないのですね。私たち一人ひとりは、アナキストとしても、人智学徒としても、指揮者なのですよね。

一人ひとりが日常の毎日毎日に、その音符で音を出すわけです。その音が大事であって、譜面上の音符は単なる記号にすぎないのです。そういう発想が大杉栄とシュタイナーにおいてまったく同じなのは、ちょっとすごいと思いました。

なぜシュタイナーが自分を個人主義的アナキストと呼んだのかというのも、この辺に由来するのだろうと思うのです。シュタイナーは徹底的な反普遍主義者で、反原理主義者で、それで徹底的な個人主義なのです。ですから、彼の人智学も徹底的な個人主義です。つまり一人ひとりの中で、はじめて生まれてくるものなのですよね。

そう思っていましたら、山本七平さん〔僕はかってに彼もアナキストだと思っています〕の『民族とは何か』という本のことも思い出しました。この本にもすごいことが書いてあるのです。これはロシアの民族問題をテーマにしている本なのですけれど、普遍主義は、いつでも強者によって独占される、というのです。普遍を説く立場というのは、必ず権力者が説く立場になる、と。これは普遍的だ、というふうに上から押さえつけると、押さえつけられているものが、それをそれぞれ、なんとか納得できるものにして受け容れて、自分は自由だと思い込んでいる、というのです。

そういえば、シュタイナーも、一九一五年の「言語と思考の一致が失われている」ことを論じた、『言語と思考の失われた一致』という講演の中で、同じことを述べています。どう言っているかというと、「普遍主義を手中にしている人は、常に強力でなければならない。常に権力者でなければならない。もはや力が十分に備わっていないと、自分が普遍的であるという態度を示すことができなくなる」。これがシュタイナーの一番根本的な社会思想なのですね。あるいは道徳感覚、社会感覚と言ってもいいでしょうか。普遍的である、というのはいつでも、権力を手にしている人の言うことであって、権力がなくなると、もうそういう言い方はしなくなる、というのがシュタイナーの『言語と思考の失われた一致』の一番中心的なテーマだったのです。

この講演には、こんな文章もありました。「われわれの文化の真の進歩は、敵の権力に「つまり敵の普遍主義に」認識の力を浸透させることにある」。これは何を言いたいのかというと、相手が権力で来たら、こちらは認識の力で向き合うしかないのだ、という立場なのですが、この認識がシュタイナーの場合、すごいのです。

後で言おうと思ったのですけれど、たぶん忘れてしまうので、今、言わせていただきますと、シュタイナーの「認識」というのは、愛と同じことです。だから敵が権力で向き合ってきたときは、認識という愛の力で向き合うしかない、という立場なのです。勝ち負けはこの世で決めないで、あの世で決めよう、と言っているのです。言い換えると、「現代人の最大の偏見は、あたかも真理がたったひとつであるかのように錯覚していることだ」、と。さらにすごいことを言っていますが、ここの部分は確か昔、国際会議で橋本貞一さん（京都の日本人智学協会「昴」の代表）がアナキズムの話をされたとき、引用されていたような記憶があります。こんな一節が出てくるのです。

「私たちがここにいろいろな国から集まってくるとき、ひとつの中心となるべき人智学を受け取るために集まってくるのではありません。人智学の名のもとに、それぞれが、それぞれの国の成し遂げるべき事柄を、共通の、ひとつの祭壇の上に捧げるために集まるのです」。続いてこういう文章もあります。「こういう統一的ドグマ、唯一の真理というものを信じて、多様性の中にではなく、統一性の中に救済を見つけることができる、と考える人は、いつの間にか進化の方向から道を逸脱している」。

アナキズムとしての『社会問題の核心』

これに関してもいろんな問題が結びついてくると思うのですけれど、話をいきなり飛ばして、『社会問題の核心』のことに移ります。シュタイナーが自分で筆を取って社会問題をまとめて書いたのはこの本だけです。その中にシュタイナーの言いたいことがすべて、社会思想に関しては出ていると思うので、アナキズムとしての『社会問題の核心』という眼で読み直したらどうなるだろうと思って、もう一度、アナキズムとしての『社会問題の核心』という立場で読めるかどうか試してみたら、まったくその通りだったものですから、あらためてびっくりしたのですね。

冒頭には、「四万一千部から八万部までの増刷に際して」、というかなり長いまえがきが出ています。この増刷が出た頃、すでに日本では、大杉栄が活躍していた大正十二年頃に、『社会問題の核心』が『三重国家論』として日本語になっているのですね。大川周明も、発想がかなりアナキスト的だと思うのですけれど、大川周明がそれを読んですごく感動して、自分の一番影響を受けた社会思想として、シュタイナーの『社会問題の核心』をいろんなところで取り上げています。中央公論社から、大川周明の全集が出ていて、それを以前読んでいましたら、「精神生活における自由」とか、「経済生活における友愛」とか、「法生活における平等」というエッセイの中でシュタイナーを丁寧に紹介してくれていたので、あらためてびっくりしました。『社会問題の核心』は大正の終わりの頃に、日本の中でかなり重要な思想として生きていたのですね。でもまもなく昭和に入って、日本の帝国主義がそういう危険思想をひとつひとつ抹殺していった時点で、三分節化の思想は消えました。戦後もずっと消え続けて、一九八〇年代ぐらいまで来るのです。

『社会問題の核心』を読んでいたら、冒頭からすごいことが出ていたのです。この「まえがき」で、まずシュタイナーは、人間の魂の在りようが今変わった、と言っています。こんな文章があります。

どんな社会制度が必要なのかをよく理解している人物がいる。彼の言う通りにわれわれはやろう。そういう発言は、公共生活の場合にはもはや通用しない。

指導という原則はもう通用しなくなった、とまず述べています。プロの政治家がいるから、そのプロの政治家に任せよう、というのはもう通用しない時代になった、というのです。テレビでプロの政治家がいろんなことを言っているのを聞くと、なおさら何か身にしみます。

シュタイナーはこのまえがきで、プロの政治家を信用するな、とすごく強調しています。「本書は、そういう指導を嫌う民衆の思いに応えたくて執筆された」。これもシュタイナーの言葉です。「われわれはまず自分の社会意志を確認しなければならないのに、近代は国家制度、経済力が当然のように精神生活を支配している」。だからわれわれの精神生活には、いつも無力感が漂っている、というのです。続いて、「われわれの精神生活は国家と経済に依存している。いったい国家や経済抜きで、どんな社会生活がイメージできるというのか」。この疑問に本書は立ち向かって行きたい、というのです。

これを読んでいてあらためて、シュタイナーが『社会問題の核心』にどういう思いを込めたのか、すごくはっきり見えてきました。どんなプロの政治家にも導かれたくないという、一般の国民の思いに応えて、そういう思いをもつ人たちのための力になる本を書きたいと思ったのですね。

社会意志の問題に続いて、教育の問題が出てきます。それで僕はあらためて、「シュタイナー教育」という言葉の取り上げ方が違っていた、と思いました。「この関連で、われわれはまず精神生活を国家と経済の依存から解放しなければならない。そのための一番身近な問題は教育の問題だ。教育を国家と経済から解放する。だから教育運動が今、緊急に大事な課題になっている」というのです。シュタイナー教育というのは、ひと口に言うと、国家権力と経済のシステムから解放された精神生活を子供の中に育てるための教育だったのです。もちろんこの場合の「シュタイナー教育」という言葉には、自己教育も含まれていますから、おとなが自分に対して向き合うときの在りようも、シュタイナー教育の重要なテーマになっています。

そこで社会意志との関連で、これはこの本には書いてありませんが、身近なテーマとして考えてみたいと思ったのは、シュタイナーにとっての「労働と機械」の問題です。例えば『社会の未来』で書いているように、機械技術がものすごい勢いで発達してきたために、つい数十年前まで一〇人分の手間が掛かっていた仕事の九人分を、今は機械がやってしまって、すでに二〇世紀初頭の労働者は、一〇人分の手間を機械を使って、たったひとりでやれるようになりました。この問題を『社会問題の核心』の「社会意志」の問題として考えてみたのですね。

そうしたらどうなるかというと、分配に関する私の社会意志は、それなら当然、一〇人の人が例えば毎日一〇時間労働させられていたとしたら、同じ給料で毎日一時間だけの労働で済むようになる、と思うはずです。あるいはいつも通りの労働で、一人が九人分の仕事をやってのけるのですから、その一人は、一人で一〇人分の給料がもらえるはずなのです。もちろん機械の購入量、維持費、エネルギー代などは別としてもです。

ところが今はどうかというと、機械が九人分の仕事をやってしまうと、一〇人の中の九人の首を平気で切って、ひとりにはそれまでと同じように働かせて、それまでと同じ給料を支払うのです。九人分の収入はまるまる会社のものになる、という仕組みになっています。そうやって会社だけが大きくなるのはおかしいじゃないか、と私の社会感覚、社会意志は思いますが、そう思うのは、バカなひとりよがりだと思われてしまいます。機械がそれだけ発達して、九人分の仕事を機械がやってくれるのだから、九人がリストラの対象になるのは仕方がない、とみんな思わされています。

でも、これは、精神生活が国家と経済生活に支配されているからで、そのことに気がつかないで、病気になり、弱ってしまっている社会の精神生活を健康だと思っている。これが『社会問題の核心』の言いたいことのすべてだと思います。

原発の問題はそもそも経済問題ではないのに、もし原発が無かったら日本の経済はどうなるのか、という言い方をよくしますが、そういう言い方をするのは、すでに精神生活を国家と経済生活が支配していて、精神生活が病気になってしまっていることの証拠でもあるのです。ここに社会の基本問題があることに気がつかないと、社会は破滅するほうに向かわざるをえません。このことに気づくためには、どうしても、社会を抽象的に捉えないで、精神生活と経済生活と法生活の三つに分けて、それぞれが独立している、という基本的な立場でないと、現在の技術と産業と営利主義に太刀打ち出来ないのです。

社会有機体の三分節化

社会は有機体なのだ、社会有機体は人間有機体と同じように三つに機能が分かれていて、したがって三つの社会目標である自由と友愛と平等の原則も、それぞれ異なる独立した分野の原則である、と思わないと、われわれの社会感覚も社会意志も育たない。みんな「仕方がない」、と思わせられ、大杉栄の言う服従させられる側になってしまうというのです。

そういう立場から、あらためて社会有機体の三分節化のことを考えてみたのです。いろいろ見えないところが大杉栄のおかげで見えてきたので、ここでその報告もさせていただきます。

まず人間有機体と社会有機体とでは、何が同じで何が違うか、という問題です。人間有機体は神経感覚系、呼吸循環系、代謝運動系の三つに分かれる、とシュタイナーは言いますよね。言い換えると、感覚を通して外の世界と結びつくときの結びつき方がまずあります。それから空気を呼吸し、血液を循環させることで、生命力を維持する作用が独自に機能しています。第三に、養分を摂取して、そのエネルギーで手足を自由に働かせる代謝運動系があります。

なぜ人間有機体をこの三つに分けたかというと、一人ひとりの人間が地上の環境世界を生きるときに、まったく違った三つの機能が必要だからですよね。感覚で社会に向き合うことは、呼吸循環系ではできません。呼吸循環系の酸素を吸収して炭酸ガスを外に出す作用では、感覚を働かせることにはなりません。外との向き合い方がまったく異質です。同じように、養分を摂取して運動をするときのエネルギー、筋肉を働かすときのエネルギーは、感覚を働かせて視たり聴いたりすることとは根本的に違います。人間は三つのまったく違った仕方で外と向き合っています。それで人間有機体の三分節化なのです。

同じ意味で、社会有機体も、まったく違った三つの仕方で機能しています。その機能の仕方が、精神生活と経済生活と法生活なのですね。そういう意味で経済生活とは何か、と考えたら、答えははっきりしています。一人ひとりのために衣食住を確保するための手段を作る、という一点です。経済生活は、もっぱらそのためにあるわけです。現在はそのために市場がいろいろな仕方で用意されていて、そこで商品を売り買いすることができます。でも、基本的には、衣食住の確保ですよね。あるいは、衣食住を豊かにするための経済ですよね。でも、お金を貯めるだけではお腹はいっぱいになりません。お金は貯めるためのものではなく、使うことで衣食住を豊かにするための手段ですから、貯めないで済むような経済生活が求められます。

法生活は、人間関係を平等の原則に基づいて育成するための装置ですよね。装置作りです。だから法が存在するのは、一人ひとりの人間関係があらかじめ決められた原則に則って、フランス革命の理想で言えば、どんな人も平等に権利を主張できるという、そういう装置、システムを作るためにあるのですよね。

精神生活はどうかというと、一人ひとりの人間が内発的に自己実現を目指すことができるための、そして感覚世界と超感覚世界とに橋渡しをするための働きです。そのためには自由でなければいけないので、一人ひとりの精神の自由が社会のために問われるのです。

社会感覚の問題で、もうひとつ余計なことを言わせていただきますと、最近韓国と日本の間で従軍慰安婦の問題が政治的に取り上げられていますよね。不思議なのは、日本の側がまったく受け身で対応していることです。従軍慰安婦の問題に関して、もっと能動的、内発的に、要するにアナキズムの立場で、何が言えるかといいますと、ここからは私の勝手な思い込みなので、いろんな意見があると思うのですけれども、戦争中、若者たちが、突然軍隊に動員されまして、あれよあれよという間に満州に派遣されたり、南方に派遣されたり、中国に派遣されたりして、否応もなく、いつ命を失うかわからない状態に置かれました。何百万人もの若者たちですよね。

その若者たちが純粋な男女間の愛情をもてないようにする装置が、慰安婦だったのです。つまり愛情というのは、もちろん男と女の愛情が基本です。若い人たちが死ぬまでにせめて自分の愛の想いを誰かに打ち明けたいと思うと、軍隊では、それは死にたくないということに通じる。人間的な感情が湧いてくる。御上《おかみ》への忠誠が曇らされる。だから、それは絶対に否定すべきものだと考えたのです。陸軍の権力者たち、高級将校たちは、いくらでも愛人をもっていたのです、一対一の関係で。ところが若者たちは一対一の愛情をもつことが許されないで、何十人の兵隊たちがひとりの女性と関係をもつということを強制されて、それで愛情を麻痺させるということをやったのが従軍慰安婦なのです。

そういう立場で「これは社会感覚ですよね」、従軍慰安婦というのはとんでもない発想だった、ということを日本の側から発信しないと、対等に韓国と向き合うことができませんよね。ひたすらどこの国にもあることだ、今時そんなことをもち出してどうするのだ、みたいな立場にいますと、社会感覚は麻痺しますので、シュタイナーのいう精神生活がどんどん弱って、病気になって、全部国家と経済の言いなりになるしかないという方向に行ってしまうのです。今思いついた、単なるひとつの例ですけれども。

現在、私たちの周りのあらゆるところにそういう問題があります。いろんな落とし穴があって、「仕方がない」で済ませていますが、ちょっとまともに社会感覚を働かせると、「許せない」とか「服従させられている」とか、思わざるをえないことがいっぱいあると思うのです。それをひとつひとつ思いつくことで、国家と経済力、金融資本主義と金融寡頭支配に対抗するための理論を与えようとしたのが、この『社会問題の核心』だと思います。この本には、こんなことも出ています。

社会問題は近代文明生活全体の本質要素であり、簡単に解決されるようなものではない。世界史の進化のどの瞬間にもそのつど新たに現れて、解決を求めるのが、社会問題なのである。

この最後の部分では、そのつど小さな問題を見つけて、大杉栄の言う、一文字一文字白紙の中に書き込む、ということこそが社会問題だ、と大杉栄とまったく同じ社会感覚で語っています。「社会問題は近代文明生活全体の本質要素であり、簡単に解決されるようなものではない」。

「そのつど新たに現れて、解決を求め」ている、と語っています。

社会意志とアソシエーション

ここでシュタイナーは、アソシエーションということを言い始めます。アソシエーションというのは、これもアナキズムの用語です。連携とか連帯とか連合とかと訳します。最近のアナキズムの本を読めば、アソシエーションという言葉は始終出てくるのですけれど、シュタイナーも『社会問題の核心』でこの言葉を、一番基本的な用語として使っているのです。こんなことも出ていました。

「議会政治的になること〔議会政治で事が処理できると思うこと〕には用心しなければならない」。なぜかというと、議会政治というのは話し合いばかりで、まともに働こうとしないからだ。だから話し合いの中ではいろんな大事なことを言うのですけれど、いざ動くとなると、そのほとんどが廃案になってしまいます。いったん廃案になると、忘れちゃうのです。これが議会政治の特徴ですよね。例えば、労働者派遣法にしたって、一九九九年あたりに、根本的にシステムが変わりましたよね。製造業でも簡単に臨時に雇用できるようになって、あっという間に派遣会社が、ちょっと前までは何百しかなかったのに、何万と増えてしまいました。だから今、雇用問題を六〇年代、七〇年代、八〇年代に戻そうと思ったら、竹中平蔵さんはじめ、派遣会社の経営者たちがみんな断固として反対しますから、もう不可能になっています。でも雇用問題がどのくらい非人間的になったかということも、社会感覚であらためて一人ひとりが考えないといけない。それでシュタイナーは、議会政治には気をつけなさい、というのです。

「私たちが国家の干渉を受けようとしない限りは、議会政治にとらわれない限りは、アソシエーションを求める衝動は、必ずおのずと生じてくるはずです」、とも言っています。なぜかというと、「自由な精神生活、元気な精神生活では、アソシエーションのような共同生活の中でこそ、役に立ちたいと願うのが本能だからだ」、というのです。アソシエーションに結びつきたいというのは、どんな人もみんな本能的に思っていることだ。これがシュタイナーのいう社会意志なのですね。

こんな言葉もありました。「現代人は経済生活を外から組織しようとしている。そしてその外から組織された経済生活に呪縛されている」。「現代の社会有機体は、精神生活の無力化に病み、苦しんでいる。この病状はこの事態を認めたがらないことによって、ますます悪化していく。この事態、この病状を認めるときにこそ、社会運動にふさわしい思考が働き、精神生活を発展させる基礎が作られる」。ところが「プロレタリアートは現在、人間の尊厳の意識を取り戻そうと、プロレタリアートの立場から精神生活を求めている」。どうするかというと、「経済生活から生まれた階級意識でそれを代表させている。そしてその結果、社会衝動が精神や魂の内部から現れてくるとは、とても信じられなくなっている。だからプロレタリアートは経済生活を改革することの中にしか、精神生活の救済を求めることができずにいる」。

ここでシュタイナーが一番言いたいことというのは、マルクス主義が労働階級の唯一の思想であるとすると、すべての原因を、下部構造である経済生活の中に見ようとするので、その下部構造からは、精神生活の内発性、精神生活の能動性、精神生活の創造性を認めることがどうしてもできない、ということなのです。

三十代のシュタイナーは、ベルリンで過ごしているときに、ヴィルヘルム・リープクネヒトが創立したベルリン労働者学校の中で、歴史、文学、自然科学を担当していたものですから、いろんな形で個人的にプロレタリアートの生活と関係をもっていたのですね。『自由の哲学』の最後にあとがきを書かせていただいたのですけれど、そこに当時シュタイナーが親友としていつも夜中にいっしょに飲んだくれていた仲間であるヘンリー・マッケイという有名なアナキストに手紙を書いて、この『自由の哲学』は、特に後半の部分は、マックス・シュティルナーの『唯一者とその所有』とまったく同じことを述べていることを、きっと分かっていただけると思います、と書いているくらい、アナキスト的でした。

まず社会問題を考えるときは、三つに分けて考えるのですね。精神生活を独立したものと考えます。経済生活も独立したものと考えます。さらに法生活、あるいは法治国家の生活も独立したものと考えます。互いに影響し合わないで、それぞれが独立して自分の課題に取り組むのです。そうすると、有機的に、全体が生命化され、生命力を強化します。そのためには、互いに干渉し合わないのです。まずこの立場に立たないと、社会意志を私たちは持てなくなります。このところをぜひ考えてみてください。

　自分にとってイメージできるかどうか。社会有機体の三分節の中の精神生活ということを、イメージできるだろうか。社会有機体の三分節のひとつとしての法生活をイメージできるだろうか。あるいは三分節化のひとつとしての経済生活。それがイメージできませんと、自由と平等と友愛が互いに干渉し合い、社会が矛盾しちゃうのですね。現在は、その三つを三つとも同時に生かす、という立場がどうしても見当たらないのです。シュタイナーの社会思想になって初めて、フランス革命以来の自由と平等と友愛という社会理想が、それぞれまったく独立した理想として有機的に結びつくことを明らかにしたのですね。だからシュタイナーの思想は、平等の思想であり、自由の思想であり、友愛の思想であり続けることのできる唯一の社会思想だと思うのです。このことを踏まえてあらためて読むとすごいです。他に『社会問題の核心』に比べられる社会思想はないと言ってもいいんじゃないかと思うくらい、すごいと思います。

魂がリードする時代に

私が今問題だと思っているのは、土地の商品化です。日本の土地は韓国人も中国人もアメリカ人も自由に売買できますよね。つまり土地が商品になっています。けれども、シュタイナーの立場だと、土地は法生活の中ではじめて問題になり得るものであって、価値を付加して商品としてより高く売る、というような経済生活上の問題ではないのですよね。法生活の中ではじめて問題になりうるその土地を、経済生活の中で自由に処理できる商品にしてしまったのは、とんでもないことだと思います。

なんとかしないと、それだけで日本の国は滅びますよね。気がついたら日本の国土は外国の、しかも、それも住みたくて持ったのではなく、博打で、つまり投機で、安く買っては高く売りつけようとする、単なる商品あるいは証券の対象にされてしまっています。そういう方向にどんどん行きかねません。そうすると愛する国土とかですね、母なる大地とかという当然の感覚も消えて、土地とは、一坪いくらで売り買いできる商品のことだ、という発想にしかなりません。これも今、もう危機的な状況にあるのではないでしょうか。

そういうことを言っているときりがないので、もうひとつシュタイナーの社会思想の一番大切な部分のひとつを取り上げて、今日の話を終わりにしたいと思います。

シュタイナーはこういうことを言っているのです。これは『第一次大戦の背景』という連続講義の第五講の中にあり、たぶん春秋社から出ている『悪について』という本の中に入っていたと思うのですけれど、こういう言葉があるのです。

「現在、十分に肉体に受肉できていない人たちが大勢いる」「現在、肉体上の障害をどこかに感じている人が大勢いる。その人たちこそが未来を用意する人たちだ」、と言っているのです。これに反して、「体と魂がしっかりと結びついている、いわゆる健常な人のほうが、生き方としてはむしろ表面的である」、というのです。これもシュタイナーの一番重要な社会的メッセージのひとつだと思うので、社会問題として是非いっしょに考えておきたかったのです。こんな文章もあります。

> 魂と体が分離している人というのは、いってみれば、魂はもはや、崩れている身体の中にすっかり入り込む使命をもっていない人のことなのです。そういう人「つまり私たちのことなのですが」は、宇宙神であるキリストの「私の国はこの世のものではない」という言葉に応えることのできる存在になっているのです。

ここのところは、私たちが肉体に左右されなくなりつつある、ということを言っている部分なのですけれど、「体質そのものによって、善になったり、悪になったりするように定められている、という言い方はもはや通用しない」。健全な身体に健全な魂が宿る、ということはもう当てはまらない、と言っているのですね。健全な精神は健全な身体に宿る、というローマのことわざはもう当てはまらないのだ。ですから、橋下徹さんを祖先に遡ってバッシングしたあの評論家の立場は、もう通用しないと言っているのです。その評論家はさっき回した『大杉栄』の中にも文章を書いておられる方なのですけれど。今は立場も混沌としているのですね。

シュタイナーは、そういう祖先とか、血統とかということがぜんぜん問題にならない時代に今は来ているということを、二〇世紀の一〇年代で、はっきり宣言しているのです。一〇〇年前です。むしろ障害をもった肉体に宿る魂のほうが、未来を用意する魂だ、霊的な環境に置かれている魂だ、と言っているのですね。体質そのものによって、美しい人になったり、善人になったりするような時代は、もう過去のもので、新しい時代は、価値が転換する時代です、と言っています。もはや肉体がリードする時代ではなく、魂がリードする時代になっている、と言っています。

また、「地球の進化の中で、人間の魂の進化とからだの進化とが、完全に並行して進んでいくことが、ますます少なくなっていくのです。ひとりの個性が体質そのものによって悪になるように定められている身体に受肉するということが、なぜありえないというのでしょうか」、と逆説的なことを言いつつ、それにもかかわらず現在は、「人間がそういう悪になるように定められている身体の中に受肉して、善なる存在であり続けることができるのです。なぜなら、個性がもはや身体と内密な関係の中にはないからです」と話します。

　現在の優生学をシュタイナーは徹底的にここで批判しています。優生学というのは、遺伝の立場から、特に優性遺伝の立場から、健康な人類だけを将来に残すために、劣った個性をどんどん抹殺していくというナチスの医学ですよね。このナチスの医学が依然として現在の医学の中に優生学という形で残っています。シュタイナーはこれを、あり得ない、とはっきり断言しているのです。この差別に対するシュタイナーの新しい態度を結論にして、今日の話をこれで終わりたいと思います。

（二〇一二年一二月九日）

7 今を生きる人智学

今日のテーマは、あまりに大きな重要なテーマですので、どういう形で話を進めていったらいいのか、ここ何ヶ月かずっと考えていたのですけれども、イメージがはっきりしないまま、気がついたら今日になってしまいました。ですから、思い切って今日は自由に、自分が一番重要だと思っているテーマの話をさせていただきたいと思います。首尾一貫しているよりも、断片的な話が続くかもしれませんけれども、私にとって一番重要な、人智学に関する問題です。

シュタイナーの立ち位置

最初にお話したいのは、シュタイナーが、本来三十代までは、ひたすら唯物的に物質世界と関わっていた、ということです。シュタイナーは一八六一年生まれですけれども、一九世紀の終わりあたりまでは、マックス・シュティルナーの『唯一者とその所有』、アナキストの一番古典的な本ですけれども、シュティルナーのこの本の立場に同調していて、その立場から、『自由の哲学』という彼の哲学上の代表作を書いているのです。

ですから、『自由の哲学』を書いた後で、同じ時代の友人でもあるアナキストのヘンリー・マッケイに、自分の『自由の哲学』は、マックス・シュティルナーの立場と全く一致している、と手紙で書いたりしています。シュティルナーは、ご承知の通り、日本にも翻訳が昔からありますけれども、どんな人間も皆、個として平等で尊い存在だ、という立場です。

唯一者、つまりたったひとりの存在が——どんな人もたったひとりの存在です——、一人ひとり一生懸命、時代の状況の中で悪戦苦闘している。その一人ひとりを他の誰かが所有するということはありえない。所有するとしたら自分が自分を所有するしかない、という、根本的なアナキストの立場を強調しています。

シュタイナーはそれにすごく同調していて、シュタイナー自身も、マルクス主義を代表するような思想家たちとも交流がありましたし、ベルリンのプロレタリアートのための学校で長い間講師を務めて、世界史などの講義をしたりしていました。

その感覚が一生を通して彼の中に、非常に深く強く生きていたと思うのです。ですから、シユタイナーは、いろいろな会場を借りて、研究会、講演会などを続けていましたが、神智学協会と縁が出来、資金を提供してくれる後援者にもめぐまれたとき、ゲーテアヌムという建物を造って、それを人智学の拠点にしようとしました。その人智学の拠点は、元々ミュンヘンに造ることになっていましたが、当時シュタイナーは、「自分たちはこれから、ジプシーのアジールとしてゲーテアヌムを造る」、と言っていました。

ジプシーというのは、シュタイナーにとっては、ロマという少数民族のことではなく、差別されている立場の人々のことです。差別されている人たちのためのアジール、避難所を造る、それがゲーテアヌムだ、と言っていたのです。しかしシュタイナーが死んだ後、そういう方向ではゲーテアヌムは機能していません。むしろ、人智学が次第に社会的に認められるに従って、どちらかというと、自分たち、特別のグループのための建物になっていると思いますが、シュタイナー自身は、いつでも社会の底辺にいる人たちと一緒に仕事をする、という姿勢でした。でも、私にはそういう発想はありませんでしたので、私がシュタイナーのような思想を探して、ドイツに行きましたときに、ミュンヘンでまず最初に出会おうと思ったのは、ゲオルゲ派の誰かだったのです。ゲオルゲ派は、その当時の新しい精神運動のグループのひとつで、シュテファン・ゲオルゲという詩人を中心にしていました。そのグループの中にエルンスト・ベルトラムという人がいました。戦時中、一九四〇年代に筑摩書房から大きな箱入りの単行本として、そのベルトラムの『ニーチェ』の翻訳が出ていて、とても影響を受けました。ベルトラム以外にも、ホフマンスタール、グンドルフなど、私にとって重要な文人、詩人にゲオルゲ派の人がいたので、まずその人たちと縁が持てたら、と思って、ミュンヘンに行ったのです。そして、近所に住んでいたシュピッタさんという弁護士さんに「誰かゲオルゲ派に関係のある人を知りませんか？」と聞いたら、こんなことを言われました。

「第一次大戦前後、ミュンヘンでは新しい精神運動をしていたグループが二つありました。一つはゲオルゲ派で、もう一つがルドルフ・シュタイナーのグループです。ゲオルゲ派の特徴は、ほとんどのメンバーが貴族だったのに対して、シュタイナーのグループの場合はプロレタリアでした。」

マルクス主義的なグループだったらよく分かるけれども、霊的な問題に関わるグループでプロレタリア運動に結びついている、というのが不思議な気がして、そんなことから、シュピッタさんを通して最初にシュタイナーのグループと出会って、いろいろ話をしているうちに、自分が探していたグループは、この人たちではないかと思ったのです。ですから、ゲオルゲ派とはあまり関係ができないままに終わりました。

もう一つ、ユングのグループとも縁ができました。ユング派とシュタイナーとは、ある意味ではすごく通じ合うところがあったものですから、ユング派と、それから神智学のグループとが一緒につくった、スイスのアスコナで毎年八月に一週間集まる「エラノス学会」グループと縁ができ、一時期は毎年、その会合に参加していました。後に、井筒俊彦先生や河合隼雄さんが来られました。私の前には、鈴木大拙さんがよく来られていたらしいです。日本ともとても縁のあるグループになりました。

何かそういう二〇世紀の新しい霊性の運動の中で、シュタイナーの人智学は、どこか異端的な印象がずっと続いていたようです。例えば、オイリュトミーについて新聞にあるエッセイを書いた人が、オイリュトミーをとても高く評価していたのに、「ルドルフ・シュタイナー」と「人智学（アントロポゾフィー）」という言葉は削られて新聞に出たそうです。シュタイナーの講義録の中にそんなことも書いてありました。

シュタイナーの立場は、一般に、公的に認められる機会がとても少なかったのですが、今はどうでしょうか。一九八〇年代あたりからヨーロッパでは、緑の党や学校教育の分野で、公認されてきているようですが、思想家としてはまだ公認されていないかもしれません。

私は、そういう一般的な評価をどう考えるかということよりも、二一世紀以後、シュタイナーの提示した根本問題が必ず重要な問題になってくる、と思っています。その根拠というか、何故シュタイナーの思想が、二一世紀に非常に必要な、重要な問題になってくるかという、その一点にしぼって、今日はその問題を私たちの共通の課題として考えていけたら、と思っています。

思想の問題には答えがありませんよね。生きた思想なら生長しつつある、と思うからです。むしろ想いの強さ、想いの深さで勝負しなければいけないような、そういう在りようが思想だと思うのです。どこにでも通用する合理的な整合性を持った思想ということになったら、生きた思想ではなくて、思想としては死んでしまっている、という感じがあるのです。

冒頭にそのことを申し上げたのは、これからお話したい今の時代状況と、その時代状況に対するシュタイナーの想いが、私の中では、非常に東洋的な感じがしているからです。シュタイナーの思想には、東洋の思想と全く共通している流れが伝統としてあり、その一方でシュタイナーの思想は、一見すると非常にヨーロッパ的であり、キリスト教的なのです。けれども、近代ヨーロッパの世界観、合理主義の論理からでは、どうしても受け入れられないシュタイナーの思想、その辺の問題をできたら話させていただきたいと思っています。

物質界と生命界《エーテル》の関わり

まず皆さんにお配りした資料のⅠとⅡの両方に、一番から七番まで、今の時点での私の問題点を並べてみました。前後の関係がはっきり関連づけられているかどうか分かりませんけれども、最初に見ていただきたいと思ったのは、物質の世界と生命《エーテル》の世界との関連です。シュタイナーはそこから問題を考えようとしているので、シュタイナーの問題意識をこんな風に、七つの流れとしてまとめてみました。ちょっと読ませていただきます。

I　エーテル衝動の七つの働き

一、概念化しないで表象する。

概念と表象というのは、ここでは客観と主観のことです。辞書に出てくるような一般に通用する概念と、それから、個人が一人ひとり自分の中でイメージする表象とに分けました。概念化しないで表象する。言葉でまとめないで、イメージを作ってみる。

二、どんな出会いも、自分の問題として実感する。

ある出会いがあったときに、その出会いを自分の問題として実感することで、「縁をつける」、ということを言いたかったのです。どんな出会いも、自分にとって縁のある出会いだ、と感じる。

三、外の何かを自分の既存の判断力で判断できると思わない。帰依することで体得しようとする。

正しいか間違っているか、という分け方を、一般には二項対立と言いますけれども、善か悪か、正しいか間違っているか、二つの項に分けてどちらかを正しいとする。そういう二項対立の考え方ではなくて、対象に自分を帰依することで体得するという判断の仕方をするのを、エーテル的な態度、とシュタイナーは言っているのです。「外の何かを自分の既存の判断力で」、自分の今まで経験してきたことを元にして判断できると思わない。帰依することで体得しようとする。

四、帰依すると、外と内がひとつになる。

註をつけました。五来重の『石の宗教』では［これは角川選書に五来さんの本が何冊か出ていて、その中の一冊ですけれども］、聖なる動物、木、石に対して絶対的な帰依の感情を持つと、そこに神仏が現れるといいます。石や木と縁ができると、その縁の中から神仏が現れる。この仏教の基本的な立場とシュタイナーの立場はもうほとんど同じです。

例えば、柳宗悦さんの『南無阿弥陀仏』を読むと、まるでシュタイナーの言いたいことを仏教の言葉で語っているように読めるのです。それを四番目に、帰依すると内と外がひとつになる、そういう感覚として書いておきました。

五、その意味で、帰依して信じることだけが判断力として有効に働く。

これも勿論、日常的な生活の中での問題ではなくて、自分をどう変えるのか、自分の中の生命とどう出会えるのか、という基本的な問題の中での考え方ですから、もちろん日常は、帰依しないで判断力で物事を考えるのが当然だと思います。

六、エーテル衝動は個人の自立と自由のためにあるのではなく、結びつき、つながり、調和し、融合するためにある。

市民社会で生きるのだったら、個人の自立と自由が当然前提になるけれども、エーテル体験ということになると、その方向ではなくて、結びつき、つながり、調和し、融合するという方向を考えるのです。

七、したがって、エーテル衝動の働く場は、エーテル界と物質界の相互浸透の場である。

ついでに、Ⅱのほうも読ませていただきます。

II　エーテル体を体験する

これも、日常の判断と違う立場で、エーテル、生命を自分の中でどう体験するか、という問題です。

一、意識が内へ向けて明るくなる。夢の中の明るさに似ている。芸術体験における意識の明るさ。①音楽に没頭しているとき。②読書に没頭しているとき。③絵画の画面の中に入り込んでいるとき。

もしそこに、いつもと違う意識の明るさがあるとすれば、それは自分の中のエーテル体を体験することだ、と言いたいのです。夢の中の明るさとどこか通じ合っているような気がするのです。

二、外の世界が広がるような感じ。それと共に自分も拡がって、他者と融合しようとする。自分なのか他者なのか区別がつかなくなるような、そういう状況というか、そういう体験。エーテル体験は個を超える、個を問題にしない、という立場です。

三、他者との融合体験が進むと、物質体験とは異なる体験をする。自分が知覚するのではなく、知覚が外から働いてくる。

普通、ものを考えるときには、私たちの感覚器官、目や耳その他が外の何かを知覚します。そうすると、その知覚した内容を自分の中の思考が判断する、という形ですよね。知覚する能力がないと思考する能力も育ちませんけれども、知覚するだけでは、対象をはっきり捉えることができないので、知覚した一つひとつの対象にまず名前をつけて、その知覚対象との関係を思考する、というのが普通の在り方です。けれども、エーテル体験の場合はそういう方向に行かないで、自分が他者になる、他者が自分になる、という方向へ向かいます。

以前、佐藤優さんに関心が出てきて、その方の書いたものを順番に読んでいこうと思って、まず入手したのは『私のマルクス』という本でした。すでにタイトルが「私とマルクス」ではなくて、「私のマルクス」という所で、やっぱりマルクスと著者である佐藤さんがひとつに融合している、という方向を佐藤さんも知っている、と思いました。

問題を考えるときに、問題を対象化して自分とは別な所に対象を置いて、外からそれを問題にする、という形が一般ですけれども、そうではなくて、まず対象の中に入り込んで、対象とひとつになって、そのときの実感を改めて自分の中で反省する、そういう方法を感覚の問題として実践すると、外の世界が拡がっていく感じがもてるのですね。

京都なら、京都という都市を概念で考えているときは、京都が決まった形で存在しているだけになっています。言ってみれば、死んだ形で映像化されて存在しているだけです。けれども京都の内面へ入って体験しようとすると、京都が限りなく広く、深くなっていきます。それが二番目です。外の世界が拡がるような感じ。それと共に自分も拡がって他者と融合しようとする。京都が、「私の京都」になっていきます。

四、それと並行して、記憶力が意味を持たなくなる。記憶はもっぱら自分の内なる働きであるのに反して、エーテル体験はそのつど外で生じる。というか、内と外がひとつになる。

五、時間が空間になる。あと一週間で二〇二〇年二月が終わる。そうしたらもう永遠に二〇二〇年二月は帰って来ない。けれども現在の一瞬一瞬が、流れるその一瞬一瞬が、留まる一瞬になることがある。そのとき、日常の時間の流れの外に出ている。大事なのは、そのことに気づくこと。

「大事なのは、そのことに気づくこと」というのは、誰でもそういう体験があるけれども、普通は意識しないでいるので、そのことに気づくこと、と書いておきました。

六、生きづらさは、魂を強化するためにある。魂はみずからの宇宙（内なる世界）の旅を、感覚界を通らずには達成できない。感覚界（この世）で苦悩するのでなければ魂は育たない。

この六番目の問題というのは、実はこれだけではなくて、感覚界と書きましたけれども、物質の世界です。物質の世界の中で生きるということの意味を、シュタイナーは、「悪戦苦闘するためにこの世の世界がある」と考えているのです。どうしていいか分からないという状況の中で、答えのない状況の中で悪戦苦闘するのでなければ魂は育たない。

七、日本の伝統的なエーテル文化は、結ぶこと、縁をつけること、さすらうこと、自分の拠点をいったん失うことを大切にしていた。

今読み上げましたことは、言ってみれば常識に反するようなことを述べているようですけれども、常識の範囲内に生きているときというのは、基本的に、状況に適応して生きていますよね。でも、状況に適応しようとして生きている限りは、自分の基本的な在り方が、どうしても受け身にならざるを得ません。能動的に、自分は自分だ、という立場であろうとすると、物質の世界でそれをすると悪戦苦闘するしかないので、答えの見つからない、言ってみれば納得できない苦悩の中に身を置くしかない、と思うのです。

六番目に、「感覚界（この世）で苦悩するのでなければ魂は育たない」と書きましたが、この世を、問題なしに、ひたすら幸せに生きるということは本来ありえません。私たちの基本的な考え方は、意識を失わないでこの世界を生きていくこと、それを無意識に願っていると思いますけれども、意識を失わないでこの世を過ごしていくということを自分の課題にしていると、当然その課題は、自分が死ぬときに消えてしまって、無になってしまうので、自分の態度が受け身にならざるを得なくなります。

この世を生きるときに、受け身ではなく能動的に生きようとするのだったら、どうすれば生き甲斐を実感できるでしょうか。それを考えるとき、六番目の「生きづらさは魂を強化するためにある」が大切になります。自分が納得できないこの世の状況を否定するのではなくて、自分の魂を強化するために、今の生きづらさ、今の苦悩、それが自分に課題として与えられていると思えるかどうか。「感覚界（この世）で苦悩するのでなければ魂は育たない」。

ミカエルの声を受け止めて

実は、先程私のことを紹介して下さった方が言っていらしたように、月に二回ぐらい、この教室でシュタイナーの勉強会をやっているのですけれども、『神智学』を何年間かかけてやった後で、『ミカエルの使命』というテキストを今年から取り上げています。何故『ミカエルの使命』かというと、ここに今、一から七まで挙げました、この問題そのものを、シュタイナーは「ミカエル文化」、あるいは「ミカエルの時代」という言い方で、晩年、現代をいろいろな形で振り返って見ていますが、シュタイナーの書いた『神智学』あるいは『神秘学概論』は、特に時代の状況に応じた文章ではなくて、言ってみれば時代を超越した中で、東洋であろうと西洋であろうと、皆共通の課題として考えることのできるテーマなのですけれども、シュタイナー晩年のミカエル論になると全く逆で、今生きている状況の中で初めて思想が生きてくるからなのです。思想というのは普遍妥当的なものではありえなくて、状況次第で思想の在りようも変わってくる、その変化を共にする霊的な働きを、ミカエル、と呼んでいるのです。

だから、シュタイナーのいうミカエルは、一人ひとり私たちの中に働いている、言ってみれば「良心」のような存在で、一人ひとり違うミカエルを抱えている、という感じなのです。ですからミカエル論を読んでいくと、問題を考えるとき、思考で考えるのが普通は当然ですけれども、感情で考える、という在りようのことを、いろいろ述べているのです。

例えば、誰かと出会ったときに、その相手の語ることが、自分の語ることと何かとても近いことのように受け取れることがある、というのです。そうすると相手の、その出会った人の想いが、自分の想いと重なってくる。相手の運命まで、自分の運命と結びつけたくなる。こういう態度で向き合ったとき、その向き合い方をミカエルと呼んでいるのです。

私たち一人ひとりの場合は、そういうことがあり得たり、あり得なかったりするでしょうけれども、ミカエルの場合は、人間よりもはるかに高次なレヴェルの存在ですから、どんな人に対しても、その人が一生懸命語っていることを、ミカエルが自分のこととして聴いて、その人の運命を自分の運命として受け取る。そういう働きを、ミカエルと呼んでいるのです。

しかも、そのミカエルは時代霊として働いているので、今の時代の、時代そのものを自分の中に引き受ける、そういう霊的存在だ、という在りようなのです。普通考えると、時代霊のような存在は考えられませんよね。何十億という一人ひとりの運命を、すべて自分の運命として引き受ける、というような存在はあり得ません。一人ひとりの人間も、実は自分の中にミカエルを生かして、ミカエルの生きる場所として、自分の中にミカエルを受け入れている、と言っているのです。どんな人も、今の時代の人なら、その人の中にミカエルが働いている、と考えるのです。

そのミカエルの使命、二〇世紀、あるいは二一世紀におけるミカエルの働きの意味についてなのですが、シュタイナーによれば、今の時代が技術と産業と営利主義の必然性の中で受け身になって、技術も受け入れ、産業も受け入れ、営利主義も受け入れて、そのまま地上で生きていったら、何百年も経たない内に地球は滅亡する、というのです。その危機感をシュタイナーは、「一切の価値の転換」というニーチェの言葉を使って語っています。今の時代に私たちが緊急に必要なことは、技術と産業と営利主義に由来する価値観から自由になることだ。そしてそれを促している時代精神を、ミカエルと呼んでいるのです。

今の私たちの時代の中で、物質中心的な考え方が支配的になればなるほど、一人ひとりの心の中のミカエルがそれに対して異議を唱えている。もっと全然違った生き方が本来のあなたの生き方だ、と一人ひとりの中のミカエルが一生懸命語りかけている。その声は、どんな人もはっきり聴き取ることができるはずなのに、私たちはあえてその声を無視して、自分を受け身の状態にしている、というのです。しかし、ミカエルの声、言ってみれば良心の声は、自分の状態をポジティヴに、アクティヴに、能動的にしないと聴こえてきません。私たちの内部が全く受け身の状態になっていると、神がいくら叫んでもその声は当の人間には届かない、というのです。

私たちがどのぐらい受け身の状態で人生を送っているかということを、まず考えてくれ、もちろん受け身で終われば、その人の人生はそれで済むと思いますけれども、でもミカエルのほうが、それでは納得できなくなっている、というのです。

シュタイナーの考えている「私たちの一人ひとりの中のミカエル」という考え方は、キリスト教だけでなく、大乗仏教にもすごく通じています。私が子供のときに住んでいた家のすぐ裏に、小さな稲荷神社があったのですけど、その小さな神社には無数の旗が立っていました。どの旗にも「大願成就」と書いてありました。子供心に「大願成就」と書いてあるのが気になりましたけれども、いったい何のことかさっぱり分からないで、ただ見ていただけでした。けれども、ずっと後になって、柳宗悦さんの『南無阿弥陀仏』を読んでいたら、そのことが「弥陀の大願」という形で出ていました。「この世のどんな人も救われなければ、自分も救われない」という願いを「大願」と呼んでいる、と柳さんは説明してくれています。仏は、全くの悪に染まった悪人にも、小声で「あなたも救われていますよ」と囁《ささや》いている、と柳さんは書いているのです。

どんな人間にも、どんな悪人にも、どんな善人にも全く同じように、仏は囁いている。仏の「大願」はすでに成就している、というのが仏教の一番大事な教えなのです。その願いは成就した、だからどんな人も救われている、という教えが大乗仏教なのですね。

それでは、救われているということをどうしたら実感できるのか、というと、「南無阿弥陀仏」とつぶやけばいい、というのです。南無阿弥陀仏とつぶやくことで、弥陀の大願と通じ合うことができる。あるいは手を合わせる行為だけで弥陀の願いと通じ合う。それが大乗仏教の一番の根本です。

シュタイナーのミカエル論も基本的に同じことを言っているようです。私たち一人ひとりの中にミカエルが生きていて、ミカエルが一生懸命、「大丈夫だ、大丈夫だ」と囁いている、というのです。「大丈夫だから、思い切り苦しみなさい」というのがミカエルの課題だ。悪戦苦闘するのは、あなたの心を強くするために悪戦苦闘しているのだ、決して無意味なことをしているのではないから、苦しめば苦しむほど、あなた自身の魂はたくましくなって成長していく。そういう教えが、『ミカエルの使命』という本の中に出ています。

どんなモノにも霊的な働きがある

『秘教講義』という本が出ていますけれども、その四冊目の中に、『人智学——二十一年後の総括』というテキストが入っています。シュタイナーは最晩年に改めて、その中で、人智学とは何か、を述べているのですけれども、その〝二十一年後の総括〟の一番基本の問題のひとつも、やはり今言いました、救いの問題なのです。私たちが悪戦苦闘して、答えのない課題に苦しんでいる、そういう状況を、「三の原理」で説明しているのです。先程言いましたように、普通ヨーロッパの考え方というのは、もちろん日本でもそうですけれども、二項対立で考えます。良いか悪いか。正しいか正しくないか。善か悪か。美か醜か。その二項対立の問題は一九世紀までに意味を失っている、というのです。

一九世紀の後半から二〇世紀にかけて、合理主義やテクノロジーや金融経済では解決できない問題が出てきています。今まで通りの人間の在りようは基本的に受け身ですから、仕方がない、という立場で、それを受け入れて生きていったら、遠からず人類も地球も破滅に向かわざるを得ません。でも当事者は、仕方がない、と受け身でそれを受け入れてしまうのです。

受け身で生きてきた一九世紀の後半までの時代状況と、二〇世紀になってからの時代状況とが決定的に違うのは、二〇世紀になってからは、霊的な力が、言い換えるとミカエルの働きが目に見えて強くなってきたことです。言ってみれば一人ひとりが、受動的な生き方をしていられなくなり、能動的になってきたのです。したがって、今この時点で一切の価値の転換が行われないと、次の時代に入っていけなくなってしまいます。

一切の価値の転換をシュタイナーは、「三の立ち位置」という観点に立って説明しています。今までは二項対立でした。二項対立では、今の時代は生きていけない。善と悪が対立している、そのどちらかを選ぶというのではなくて、善と悪の両方を前提として、その間に立って悪戦苦闘する。それがミカエルだというのです。

答えは、なくてもいいのです。答えは物質の世界でのことですから。その答えがプラスであろうとマイナスであろうとどうでもよくて、二つの問題が二つに分かれたときに、どちらかに立つのではなく、その真ん中で苦しむのです。その立ち位置がミカエルなのです。

真ん中に立つことの意味とか、真ん中に立つことがどのようにして可能か、ということに対して、シュタイナーは非常にはっきり語っています。つまり問題に対する愛情の持ち方によって三の立ち位置が変わる、というのです。

愛情の在り方は、二項対立ではありません。ある家庭で、子供が二人いて、その子供の一方が成績が優秀で、もう一方は非常に愚かで、道徳的にも欠点だらけで、というときに、親はその両方を区別しないで、両方とも大事に育てて、悩むときは悩みます。その悩む、悪戦苦闘する態度そのものを、シュタイナーはミカエル、と呼んでいるのです。子供に対する親の態度、それが本来、今の時代の価値転換においては、他人同士においても生かされないと、時代は乗り越えられない、というのです。

だからどんな人の場合にも、まず他の人の想いを、自分の想いのように受け取れるかどうか。その人の運命を、自分の運命のように受け取れるかどうか。この問題をシュタイナーは考えていて、今の二〇世紀以後の時代では、この問題と真剣に向き合わないと、時代は乗り越えられない、というのです。二項対立では問題が解決できない。どんな存在も、自分にとって大事な存在として受け入れることができるかどうか、なのですけれども、シュタイナーは、ミカエル論の中で、さらに大変なことを言っています。これからの時代は、鉱物、植物、動物、人間が、同じレヴェルで、同じように互いに助け合わないと、時代は乗り越えられない、というのです。

一九世紀までの考え方では、当然人間が一番被造物の中では優れていて、進化論によって、鉱物が植物に、植物が動物に、動物が人間にまで進化してきた、と考えます。けれども、今の時代のミカエルは、全くそうではなく、鉱物も植物も動物も人間も、みな同じように尊い存在だということを前提にするのです。

どんなものも、鉱物も植物も動物も人間も、カタチをとって存在しています。でもカタチのない存在もある、というのです。この地上の世界では、カタチのない存在が霊界から働きかけて、カタチになろうとしてカタチになれないでいる。そういう存在の意志が人間の周りで働いている、というのです。言い換えると、どんなカタチも、石も木も動物も人間もカタチをとっている限り、カタチになりたい、と願っている霊的存在の働きのおかげで、今カタチになって存在している。だから私たちが、石でも木でも動物でも真剣に向き合ったとき、どんな存在も、神と同じくらい尊い存在だと思えないと、本来、この世での存在の意味が見えてこない、というのです。

どんなものもカタチがあるかぎり、そのカタチは神によって造られたものなのです。シュタイナーは神と言わないで、霊的存在と言いますけれども、霊的な働きがあって初めてカタチが現れるのです。どんなカタチの中にも霊的な働きが現れている。だからその意味で、鉱物、植物、動物の場合も人間の場合も平等に、神の意志がカタチになって現れている姿だ、と考えるのです。

だから存在するもの、カタチのあるものは、皆仲間です。ですからシュタイナーは、モノを見るときに、どんなモノにも霊的な働きがある、と思って見て下さい、というのです。

具体的にイメージできないなら、ロウソクの火を見て下さい、と言っています。周りを暗くして、暗い闇の中でロウソクに火を灯して、その明かりが周りを照らすときに、その火を五分でも十分でもじーっと見て下さい、というのです。それから、そのロウソクを吹き消して、目を閉じて、自分の心の中に映像として残っているロウソクの火をじーっと見ていて下さい、その火がしばらくすると、だんだんぼやけて消えていく、その過程は、そうしているあなたの個人的な体験ではなくて、実は宇宙的な体験だ、とシュタイナーは言うのです。そこに本質的な、社会的な働きが、端的に現れている、そう考えています。

人間の最も個人的な、他に何の影響も与えないような内面の体験が、霊界における重要な体験になっている。物質の世界と霊界の世界とは、どんなに違うと思えても、両方とも身近なのだ、というのです。そのことを通してシュタイナーが言いたいのは、私たちの非常に身近な所に霊界が存在している、私たちは、物質の世界で息を吸って生きているのと全く同じように、霊界の中で感覚を体験しながら生きている、私たちには二つの世界があって、その両方を今生きている。目に見えない霊界の存在の中で、宇宙的に重要な働きが現れている。人間はその働きを、自分では全く主観的な、個人的なことだと思っている。その働きを個人的だと思っていても、実は霊界においては重要な働きをしている。そういう言い方をしているのです。

私たちは、鉱物も植物も動物も人間も、等しく兄弟、仲間なのですね。高い低いの違いは一切存在しなくて、鉱物のおかげで自分は、人間は生かされているし、植物のおかげでも生かされている。人間は創造行為にかけては全く無力です。一枚の植物の葉も作ることはできません。何かに生命を託すこと、生命を物質の中に生み出すこと、そういうことを人間は一切できません。宇宙的、生命的に見れば、人間も、動物も、植物も、鉱物も、同じように受け身に創られた存在なのです。

でも人間は、どんなことでもテクノロジーによって可能にすることができる、と思っています。人間の頭脳の働きもＡＩによって拡げることができる、と思っています。けれども、肝心な素材そのものは何も創れません。人間の能力というのは、非常に限られたものなのに、人間自身は、自分たちがこの世で最高の存在になっている、と思い込んでいます。けれども、ミカエルのレヴェルから見ると、人間も動物も植物も鉱物も、全く同じ被造物として存在しているにすぎないのです。

今、人間にとって大事なのは、真の自己認識です。自分は創られた存在だけれども、自分を創った宇宙のエネルギーが自分の中に生きている。自分という存在は、人間であると同時に神でもある。その神の想いが、人間の中に、自分の中に生きている。それを踏まえて二一世紀をどう生きたらいいのでしょうか。シュタイナーは具体的にどうする、こうする、とは言っていませんけれども、今言った基本的な問題を踏まえて、一人ひとりが自分の人生を自由に生きてくれ、と言っているのです。

いずれにしても、今は一切の価値の転換の過程にあります。今までの常識は通用しない時代に来ています。一番重要なのは、人間だけでなく、鉱物、植物、動物も含めて、この世に存在しているわれわれは皆霊的な存在だ、と自覚することです。それがこれからを生きるときの唯一の前提になるのです。

シュタイナーはいろいろな分野のことを語って、いろいろな本を残していますけれども、シュタイナーのどの本を読んでも、ひたすらこのことを述べているのです。私たちは神によって創られた存在だ。そのことを、今新しい価値の転換の時代の中で、どこまで自覚することができるか。どこまで存在するもの同士が愛の働きで結び合えるか。そのことの自覚が技術と産業と営利主義に対する最高のアンチテーゼになる、というのです。

今日お話したかったのは以上です。自分でも全然説得力があるとは思いませんけれども、何かシュタイナーは、今日お話したことを後の時代に一生懸命訴えかけて、価値観を全部転換して、いつも語っているような感じがしております。ちょうど時間になったので、今日は中途半端なお話しかできませんでしたけれども、最近私の考えている人智学とはこういう在り方をしている、という話を以上で終わらせていただきます。

（二〇二〇年二月二二日）

あとがき

「秘儀はセントラル・ステーションで行われる」、と述べたのは、「社会彫刻」の作者ヨーゼフ・ボイスでしたが、ボイスと縁の深いルドルフ・シュタイナーの立場から言えば、自分が自分であることを忘れてしまうくらい、何かに感動し、何かと心をひとつにするとき、秘儀はいつでも、どこでも、一人ひとりの心のなかで行われるのです。

本書でいちばん読者と一緒に考えたいのは、物質中心の価値観が支配する時代の中でのこの秘儀参入の問題です。この問題を考えるために、二〇世紀の八〇年代から、毎年、年末に京都で、一年の締めくくりとして、「年末講演会」を行ってきました。京都の人智学協会「昴」（すばる）の方々の御配慮によるものですが、今回その中の五回分と、朝日カルチャーセンター横浜と同立川での二回分の講義内容とをまとめて、こういう形で書物にまとめることができたのは、ひとえに春秋社の高梨公明さんと畏友飯塚立人さんのおかげです。講義内容の選択・配列から小見出しまで、すべてお二人に拠っています。また、これらの話の録音を実に細かいところまで配慮して原稿に起こして下さった水野綾香さんの協力がなければ、何も始まりませんでした。それから、朝日カルチャーセンター横浜の石井洋子さんと高田恵さん、同立川の柴田祥子さん、これらの方々、そして何よりも講演会に参加して下さった方々の心に支えられて、どの講演会も可能になったことを、今あらためて深く感謝しております。

二〇二一年三月二五日

高橋　巖

講演データ

1｜カタチとイノチ
第18回高橋巖講演会　2017年12月23日　キャンパスプラザ京都

2｜私の美学
第16回高橋巖講演会　2015年12月27日　キャンパスプラザ京都

3｜魂のさすらい　シュタイナーの人生論
(原題：シュタイナーの人生論　魂のさすらい)
2019年11月2日　朝日カルチャーセンター立川教室

4｜神秘学の現在　ミカエルの時代
(原題：神秘学の現在)
第14回高橋巖講演会　2013年12月15日　キャンパスプラザ京都

5｜「自我」の探究　ミカエルの思想
(原題：自我、ミカエル、キリスト)
第15回高橋巖講演会　2014年12月14日　京都アスニー

6｜シュタイナーのアナキズム
(原題：アナキズムとシュタイナーの社会思想)
第12回高橋巖講演会　2012年12月9日　キャンパスプラザ京都

7｜今を生きる人智学
2020年2月22日　朝日カルチャーセンター横浜教室

＊高橋巖講演会は日本人智学協会関西支部・昴 主催。

プロフィール

高橋　巖　Iwao Takahashi
東京、代々木に生まれる。慶應義塾大学文学部大学院修了後、ドイツに留学。ミュンヘンでドイツ・ロマン派美学を学ぶなか、シュタイナー思想に出会う。1973年まで慶應義塾大学で教鞭をとる（美学・西洋美術史を担当）。1985年、日本人智学協会を設立。著書に『神秘学講義』（角川書店）、『シュタイナー哲学入門』（岩波書店）ほか、訳書に『シュタイナー・コレクション』全7巻（筑摩書房）ほか。

シュタイナーの人生論

2021年4月20日　第1刷発行

著　者＝高橋　巖
発行者＝神田　明
発行所＝株式会社　春秋社
〒101-0021 東京都千代田区外神田2-18-6
電話　(03)3255-9611（営業）
(03)3255-9614（編集）
振替　00180-6-24861
https://www.shunjusha.co.jp/
印刷所＝株式会社　太平印刷社
製本所＝ナショナル製本協同組合
装　丁＝本田　進

ISBN978-4-393-32555-1 C0010　定価はカバーに表示してあります。